PÉS COMO OS DA CORÇA NOS LUGARES ALTOS

COLEÇÃO *BEST-SELLERS*

HANNAH HURNARD

PÉS COMO OS DA CORÇA NOS LUGARES ALTOS

Uma alegoria da jornada
dos filhos de Deus que
desejam viver nos
Lugares Altos

EDITORA VIDA
Rua Conde de Sarzedas, 246 — Liberdade
CEP 01512-070 — São Paulo, SP
Tel.: 0 xx 11 2618 7000
atendimento@editoravida.com.br
www.editoravida.com.br
@editora_vida /editoravida

Editor responsável: Sônia Freire Lula Almeida
Editor-assistente: Gisele Romão da Cruz
Tradução: Hagar Caruso
Revisão de provas: Equipe Vida
Diagramação: Claudia Fatel Lino
Capa: Rubens Lima

PÉS COMO OS DA CORÇA NOS LUGARES ALTO
©1989, by Hannah Hurnard
Originalmente publicado nos EUA com o título
Hind's Feet on High Places
Edição brasileira © 1989, Editora Vida
Publicação com permissão contratual da
TINDALE HOUSE PUBLISHERS
(Carol Stream, Illinois, EUA)

Todos os direitos desta edição em língua portuguesa
são reservados e protegidos por Editora Vida pela
Lei 9.610, de 19/02/1998.

É proibida a reprodução desta obra por quaisquer meios
(físicos, eletrônicos ou digitais), salvo em breves citações,
com indicação da fonte.

∎

As citações bíblicas foram extraídas da Bíblia Sagrada,
Edição Revista e Atualizada (ARA), trad. João Ferreira
de Almeida. São Paulo: SBB, 1993.

Todas as citações bíblicas e de terceiros foram adaptadas
segundo o Acordo Ortográfico da Língua Portuguesa,
assinado em 1990, em vigor desde janeiro de 2009.

∎

As opiniões expressas nesta obra refletem o ponto de vista
de seus autores e não são necessariamente equivalentes às
da Editora Vida ou de sua equipe editorial.

Os nomes das pessoas citadas na obra foram alterados nos
casos em que poderia surgir alguma situação embaraçosa.

Todos os grifos são do autor, exceto indicação em contrário.

1. edição: 1989	27ª reimp.: jan. 2018
22ª reimp.: abr. 2011	28ª reimp.: maio. 2019
23ª reimp.: ago. 2011	29ª reimp.: mar. 2020
24ª reimp.: nov. 2012	30ª reimp.: maio 2023
25ª reimp.: set. 2015	31ª reimp.: ago. 2024
26ª reimp.: maio 2016	32ª reimp.: ago. 2025

Dados Internacionais de Catalogação na Publicação (CIP)
(Câmara Brasileira do Livro, SP, Brasil)

Hurnard, Hannah, 1905-1990
Pés como os da corça nos lugares altos / Hannah Hurnard; tradução
Hagar Caruso. — São Paulo: Editora Vida, 2007.

Título original: *Hind's Feet on High Places*.
ISBN 978-85-7367-176-6

1. Vida cristã I. Título.

07-8150   CDD-248.4

Índice para catálogo sistemático:

1. Vida cristã : Prática religiosa : Cristianismo 248.4

Esta obra foi composta em *Adobe Garamond*
e impressa por Gráfica Expressão e Arte sobre papel
Polen Bold 90 g/m² para Editora Vida.

~ Sumário ~

Prefácio à alegoria 09

PRIMEIRA PARTE 13

Capítulo 1	Convite aos Lugares Altos 15
Capítulo 2	Invasão dos temores 29
Capítulo 3	Fuga durante a noite 38
Capítulo 4	Partida para os Lugares Altos 43
Capítulo 5	Encontro com o Orgulho 56
Capítulo 6	Desvio para o deserto 63
Capítulo 7	Nas praias da solidão 73
Capítulo 8	Na velha parede do mar 83
Capítulo 9	O grande desfiladeiro injúria 90
Capítulo 10	A ascensão do desfiladeiro da injúria 101
Capítulo 11	Nas florestas do perigo e da tribulação 109
Capítulo 12	No nevoeiro 119
Capítulo 13	No vale da privação 129
Capítulo 14	O lugar da unção 137

Capítulo 15	As enchentes	148
Capítulo 16	Sepultura nas montanhas	157

SEGUNDA PARTE 163

Capítulo 17	Correntes restauradoras	165
Capítulo 18	Pés de corça	169
Capítulo 19	Os Lugares Altos	177
Capítulo 20	De volta ao vale	185

*O Senhor Deus é a
minha fortaleza, e faz
os meus pés como os da
corça, e me faz andar
altaneiramente.*

Habacuque 3.19

~~ Prefácio à alegoria ~~

Certa manhã, durante a leitura bíblica do dia em nosso acampamento da Missão na Palestina, nossa jovem enfermeira árabe leu na *Luz Diária*: "Ouço a voz do meu amado; eis que ele vem saltando sobre os montes, pulando sobre os outeiros" (Cantares 2.8). Quando alguém perguntou a respeito do significado do versículo, ela levantou os olhos com um feliz sorriso de compreensão e disse: "Quer dizer que não há obstáculos que o amor de nosso Salvador não possa transpor, e que, para ele, montanhas de dificuldades são tão fáceis como uma estrada asfaltada!".

Do jardim atrás da casa da missão, ao pé do monte Gerizim, sempre observávamos as gazelas subindo as encostas da montanha, saltando de rocha em rocha com extraordinária graça e agilidade. Seu movimento era um dos mais belos exemplos da exultante e evidente facilidade com que transpunham obstáculos.

Nós, os que amamos ao Senhor do Amor e queremos segui-lo, quão profundamente almejamos o poder de transpor todas as dificuldades, provas e conflitos da vida com a mesma exultante e triunfante disposição. Aprender o segredo de uma vida vitoriosa tem sido o desejo do coração de todos os que amam ao Senhor.

Sentimos que daríamos tudo para viver, nesta terra e durante esta vida, nos Lugares Altos do Amor e da Vitória, capazes sempre de vencer o mal, a tribulação, a tristeza, a dor e todas as coisas erradas, transformando tudo em motivo de louvor e glória a Deus para sempre. Como cristãos sabemos, pelo menos teoricamente, que na vida de um filho de Deus não há nada secundário, e que Deus permite mesmo as mais cruéis injustiças como gloriosa oportunidade de reagirmos a elas de modo tal que nosso Senhor e Salvador seja capaz de implantar em nós, pouco a pouco, seu próprio caráter amoroso.

Cantares de Salomão expressa o desejo do coração humano de se unir a Deus de maneira plena e completa. Deus nos fez para si próprio, e nossos corações nunca podemos conhecer o descanso e a perfeita satisfação a não ser nele.

É a vontade de Deus que alguns de seus filhos conheçam essa profunda união com ele através do perfeito florescimento do amor humano natural encontrado no matrimônio. Para outros é igualmente sua vontade que essa mesma união perfeita seja conhecida através da experiência da completa negação desse desejo natural de casar e constituir família, e da aceitação das circunstâncias da vida que lhes negam essa experiência. Esse instinto de amor tão profundamente implantado no coração humano é o supremo caminho pelo qual aprendemos a desejar e amar o próprio Deus acima de tudo o mais.

Nenhum reconhecimento mental do ego a ser morto para o pecado, nem a procura de um meio ou disciplina que crucifique a vontade, podem alcançar os Lugares Altos da vitória e união com Cristo. O único caminho é aprender a aceitar, dia após dia, numa constante renúncia à nossa própria vontade, as verdadeiras condições e provas permitidas por Deus mediante pessoas com as quais temos de viver e trabalhar, e as coisas que nos acontecem. Cada aceitação da vontade divina torna-se um altar de sacrifício, e cada renúncia e abandono de nós próprios em favor de sua vontade nos leva mais além no caminho rumo aos Lugares Altos, para onde ele deseja conduzir seus filhos enquanto aqui viverem.

A aceitação do mal e o triunfo sobre ele, a convivência com a tristeza, a transformação da dor em algo incomparável e precioso, o aprendizado através de constante e alegre rendição, o conhecimento do próprio Senhor do Amor de um modo diferente, e a experiência de uma união inquebrantável com ele — são as lições alegóricas deste livro. Os Lugares Altos não representam o céu após a morte, mas a gloriosa experiência dos filhos de Deus no presente — se seguirem o caminho que ele escolheu para eles.

Talvez o Senhor use este livro para confortar alguns de seus amados que têm como companhia a Tristeza e o Sofrimento, ou que andam na escuridão e são acossados pela tempestade. Talvez ele os ajude a entender o novo sentido dos acontecimentos, pois as experiências pelas quais estão passando são parte do maravilhoso processo pelo qual o Senhor está tornando real em suas vidas a mesma experiência que fez Davi e Habacuque gritarem exultantes: "O Senhor Deus fez meus pés como os da corça, e coloca-me sobre os Lugares Altos" (Salmos 18.33; Habacuque 3.19).

Primeira
Parte

"Ao anoitecer pode vir o choro"

(S<small>ALMOS</small> 30.5)

Capítulo 1

CONVITE AOS LUGARES ALTOS

Esta é a história de como Grande-Medrosa se libertou de sua família Temores e acompanhou o Pastor para os Lugares Altos onde "o perfeito amor lança fora o medo".

Por vários anos a jovem havia estado a serviço do Pastor-Chefe, cujos rebanhos eram apascentados no Vale da Humilhação. Ela vivia na Vila da Grande Apreensão, num tranquilo chalé branco, em companhia de Misericórdia e Paz, suas amigas e companheiras de trabalho. Embora ela amasse seu trabalho, desejasse intensamente agradar ao Pastor-Chefe e algumas vezes se sentisse feliz, ela estava consciente de que diversas coisas prejudicavam o desempenho do seu trabalho, causando-lhe angústia secreta e até humilhação.

Em primeiro lugar ela era aleijada dos pés. Estes eram tão deformados que a obrigavam a tropeçar e a manquejar durante o seu trabalho. Seu rosto, desfigurado pela boca torta e inexpressiva, dificultava-lhe a fala. Grande-Medrosa sabia que esses repugnantes defeitos poderiam ser a causa do assombro e das ofensas de muitos dos que sabiam que ela estava a serviço do grande Pastor.

Com toda a força do coração ela desejava livrar-se completamente dessas deficiências e tornar-se bela, graciosa e forte, como tantos outros que estavam a serviço do Pastor. Mas ela temia a possibilidade de nunca se libertar desses dois defeitos físicos que continuariam, portanto, a prejudicar-lhe o serviço.

Havia, ainda, outra grande dificuldade em sua vida. Ela pertencia à família Temores, e seus parentes estavam espalhados por todo o vale. Era-lhe difícil livrar-se deles. Como órfã, ela fora deixada sob a responsabilidade da tia Sombria Agourenta, que morava com suas duas filhas, Desanimada e Rancorosa, e com o filho Covardia, que habitualmente perseguia e atormentava de modo terrível a pobre prima.

Como a maioria das outras famílias do Vale da Humilhação, os Temores também odiavam o Pastor e tentavam boicotar seus servos. Sentiam-se muito ofendidos pelo fato de um dos seus estar a serviço do Pastor. Assim, além de tentarem por todos os meios persuadi-la a afastar-se do seu emprego, eles resolveram que ela precisava casar-se imediatamente com o primo Covardia — um meio de fazê-la permanecer com seu próprio povo. Se ela rejeitasse essa proposta, o casamento seria realizado mesmo à força.

Pobre Grande-Medrosa! Esmagada sob o horror desse pensamento e sempre atemorizada diante dos parentes, não sabia como resistir aos intentos deles. Ela simplesmente assentou-se acovardada diante deles, repetindo sempre que nada a induziria a casar-se com Covardia, embora não conseguisse livrar-se da presença da família.

Era quase noite quando a família finalmente dispensou a jovem, ao final da infeliz e demorada reunião. Com um suspiro de alívio ela se lembrou de que o Pastor deveria estar guiando seus rebanhos ao lugar de sempre, onde iam beber num lago ao lado de uma queda de água, fora dos limites da vila. Grande-Medrosa costumava ir todas as manhãs a esse lugar ao encontro do Pastor, a fim de receber dele as ordens para o dia. À tardinha ela voltava a fim de relatar o dia de trabalho. Era hora de ir ao encontro dele à margem do lago. Por certo ele a ajudaria, impedindo que seus parentes a afastassem dele, e a livraria da escravidão de um casamento com o primo Covardia.

Ainda trêmula de medo, e sem parar nem mesmo para enxugar as lágrimas que lhe escorriam pelas faces, ela fechou a porta do chalé e correu em direção ao lago.

A luz tranquila do crepúsculo enchia o Vale da Humilhação com os últimos raios dourados, enquanto ela deixava a vila e atravessava os campos. Além do rio, as montanhas que circundavam o leste do vale erguiam-se como trincheiras tingidas de vermelho, ao passo que belas e misteriosas sombras cobriam seus profundos desfiladeiros.

Naquela calma tarde tão cheia de paz, lá se foi a pobre e assustada Grande-Medrosa ao lago onde o Pastor a esperava. Ela lhe contou o seu drama.

— Que farei? — exclamou ao terminar o relato. — Como fugir? Eles não podem forçar-me a um casamento com meu primo Covardia, podem? Ah! — e um grito assustado escapou-lhe ao pensar em tal matrimônio! — Se o fato de eu ser Grande-Medrosa já é horrível, só em pensar em me tornar a Sra. Covardia pelo resto da vida, sem uma chance de escapar desse grande tormento, está além de minhas forças!

— Não se assuste! Não se atemorize! — disse o Pastor com ternura. — Você está a meu serviço, e se confiar inteiramente em mim eles não poderão forçá-la a nenhum tipo de aliança familiar. Mas você nunca deveria ter recebido seus parentes Temores em seu chalé, pois eles são inimigos do Rei a quem você serve.

— Eu sei, eu sei! — exclamou ela — mas acontece que sempre que encontro qualquer dos meus parentes sinto-me sem forças, apesar de tentar vencê-los. Enquanto eu morar no vale não poderei livrar-me deles. Eles estão em toda a parte e agora que planejam dominar-me de novo não tenho coragem de aventurar-me a sair de minha casinha com medo até de ser raptada.

Enquanto ela falava, erguia os olhos aos picos das montanhas, lindamente iluminados pelo pôr-do-sol, além do vale e do rio... Então exclamou ansiosa:

— Ah! se eu pudesse fugir deste Vale da Humilhação e habitar nos Lugares Altos, completamente fora do alcance de todos os Temores e de outros parentes meus!

Nem bem acabara de pronunciar essas palavras, para seu completo espanto o Pastor falou:

— Tenho esperado tanto tempo por essa sugestão sua. Seria mesmo melhor que deixasse o vale e fosse para os Lugares Altos, o lugar aonde eu mesmo desejo levá-la. Os declives mais baixos daquelas montanhas que você avista do outro lado do rio são os limites, as fronteiras do Reino de meu Pai, o Reino do Amor. Temores de quaisquer espécies não podem morar lá, pois o "perfeito amor lança fora o medo e tudo o que atormenta".

Ela o olhou, extática, maravilhada!

— Ir para os Lugares Altos! — exclamou. — E morar lá? Oh! se eu pudesse! Por meses e meses esse desejo tem-me perseguido. Penso nisso dia e noite. É um sonho impossível. Eu nunca chegaria lá. Sou aleijada! — e olhou os pés deformados enquanto falava. Seus olhos encheram-se de lágrimas de desalento. — Estas montanhas são tão íngremes e perigosas.

Contaram-me que só as gazelas e corças podem caminhar a salvo por elas.

— É bem verdade que o caminho para os Lugares Altos é difícil e perigoso — disse o Pastor. — Tem de ser assim a fim de impedir que qualquer inimigo do Amor possa subir e invadir o Reino. Nada que seja defeituoso ou imperfeito pode chegar lá. Além disso, os habitantes dos Lugares Altos necessitam possuir pés de corça! Eu mesmo os tenho — acrescentou ele com um sorriso — e como cervo novo ou cabrito montês eu posso ir lépido e saltitante pelas montanhas, prazerosamente e com a maior facilidade.

— Mas eu poderia tomar os seus pés como os da corça também; eu poderia guiá-la aos Lugares Altos. Então você me serviria de modo mais completo, sem contar que estaria fora do alcance dos seus inimigos. Estou feliz em saber que almeja ir até lá, pois, como eu disse antes, eu vinha esperando ansioso por essa sugestão. Então — acrescentou ele com outro sorriso — nunca mais teria de encontrar o primo Covardia.

Grande-Medrosa olhou-o perplexa:

— Tomar os meus pés como os da corça! — repetiu ela. — Como será isso possível? E o que os habitantes do Reino do Amor diriam diante de uma estropiada, de rosto feio e boca torta, se nada imperfeito ou defeituoso pode habitar lá?

— É verdade — disse o Pastor — você terá de ser transformada antes de habitar no Reino do Amor. Mas, se quiser ir comigo, prometo ajudá-la a desenvolver pés de corça. Lá em cima nas montanhas, próximo do verdadeiro Reino, o ar é puro, revigorante, e fortalece o corpo. Há também correntes de águas com maravilhosas propriedades de cura, de maneira que os que se banharem nelas serão lavados e limpos de todos os seus defeitos e imperfeições.

— Mas há outra coisa que devo dizer-lhe. Não somente você terá pés como os da corça, como também receberá outro nome. Seria impossível uma Grande-Medrosa entrar no Reino do Amor, bem assim como a qualquer outro membro da família Temores. Você deseja ser completamente transformada? Deseja ser igual ao novo nome que receberá ao se tornar uma cidadã do Reino do Amor?

Ela assentiu com a cabeça e disse, muito compenetrada:

— Sim, é o que eu desejo.

De novo ele sorriu, mas acrescentou com gravidade:

— Há ainda uma coisa mais, e esta é a mais importante de todas. A ninguém é permitido habitar o Reino do Amor a menos que a flor do Amor já esteja florescendo em seu coração. Essa flor especial já foi plantada em seu coração?

Ao fazer essa pergunta, o Pastor olhou-a firme. Ela sentiu o olhar dele penetrar o mais recôndito do seu coração, desvendando tudo o que ali estava, melhor do que ela própria o poderia fazer. Ela não respondeu de imediato, porque não estava certa sobre o que havia de dizer; mas olhou fixamente nos olhos que a perscrutavam e sentiu que eles tinham o poder de refletir tudo o que descobriam.

Ela pôde, entretanto, ver seu próprio coração da maneira como ele o via. Assim, depois de uma longa pausa, ela respondeu:

— Eu acho que o que está crescendo lá no meu coração é um desejo ardente de experimentar a alegria do amor humano natural, e aprender a amar a alguém de modo supremo, e ser por esse alguém correspondido. Mas talvez esse desejo que parece ser tão natural e correto não seja o tipo de Amor sobre o qual se refere, certo? — Ela fez uma pausa e acrescentou, toda trêmula e sincera: — Sinto crescer em meu coração a ânsia de ser amada e admirada, Pastor, mas não é isso que vejo refletir na tua pessoa.

— Então você deixa que eu plante a semente do verdadeiro Amor no seu coração agora? — perguntou o Pastor. — Levará algum tempo até você desenvolver os pés de corça e subir aos Lugares Altos; e se eu colocar a semente em seu coração agora, ela estará pronta para florescer na ocasião em que você lá chegar.

Ela se encolheu assustada. — Eu estou com medo — disse. — Eu aprendi que, se realmente amamos alguém, damos a esse alguém o poder de nos magoar e ferir de um modo que ninguém mais o pode fazer.

— É verdade — concordou o Pastor. — Amar significa colocar-se sob o poder da pessoa amada e tornar-se vulnerável à dor. E você tem um medo terrível da dor, não tem?

Ela assentiu angustiada, e então disse, constrangida: — Sim, tenho muito medo da dor.

— Mas o amar é uma felicidade — disse, calmo, o Pastor. — É uma felicidade amar, mesmo não sendo correspondido. Haverá sofrimento, é verdade, mas para o Amor isso não importa.

Grande-Medrosa sentiu de repente que o Pastor possuía os mais pacientes olhos que ela já vira. Ao mesmo tempo havia algo neles que lhe feria o coração apesar de não saber o porquê. Ela se encolheu de novo e, cheia de medo, disse muito rápido, pois de algum modo se envergonhava de dizê-lo:

— Eu nunca ousaria amar a menos que tivesse a certeza de receber amor em troca. Se eu deixar que plantes a semente do Amor em meu coração, prometes-me que serei correspondida? Eu não suportaria se fosse de outra maneira.

O sorriso dele foi tão gentil e bondoso como nunca antes ela havia visto, mas mesmo assim, mais uma vez, e pela mesma razão indefinível de antes, ela sentiu uma dor profunda no coração.

— Sim — disse ele sem hesitar — prometo que quando a planta do Amor puder florescer em seu coração, e você estiver pronta para receber novo nome, então o seu amor será correspondido.

Um frêmito de alegria perpassou-lhe o corpo da cabeça aos pés. Era tão maravilhoso acreditar, especialmente quando a promessa vinha do próprio Pastor. De uma coisa ela estava bem certa: ele não podia mentir.

— Por favor, planta o Amor em meu coração agora — disse ansiosa. Pobre almazinha! Ela era ainda a Grande-Medrosa, mesmo quando ele lhe prometia a maior coisa do mundo.

O Pastor levou a mão ao peito e arrancou algo que estendeu na direção dela.

— Aqui está a semente do Amor — disse ele.

Ela curvou-se para olhar, e se afastou com uma pequena exclamação de espanto. Na palma da mão do Pastor havia uma semente na forma de um espinho longo, pontiagudo. Ela sempre soube que as mãos do Pastor traziam cicatrizes, mas agora ela via com clareza, na palma da mão estendida para ela, que a cicatriz possuía a forma e o tamanho da semente do Amor que ali estava.

— A semente parece tão pontiaguda!... — disse ela timidamente — não vai ferir-me se a plantares no meu coração?

Foi com ternura que ele respondeu:

— Por ser tão pontiaguda ela penetrará rápido. Entretanto, eu a preveni de que Amor e Dor andam juntos, pelo menos por algum tempo. Se conhecer o Amor, forçosamente conhecerá também a dor.

Grande-Medrosa olhou uma vez mais o espinho e se afastou um pouco. Depois fitou o rosto do Pastor e repetiu para si mesma as palavras: "Quando a planta do Amor estiver prestes a florescer em seu coração, seu amor será correspondido." Uma nova e estranha coragem lhe inundou o ser. Ela se adiantou e disse:

— Por favor, planta a semente no meu coração.

Um grande sorriso iluminou o rosto do Pastor, que disse:

— Agora você será capaz de me acompanhar aos Lugares Altos e ser uma cidadã do Reino de meu Pai. Então ele introduziu o espinho no coração dela. Foi mesmo como ele havia dito. Uma dor aguda, porém muito rápida e seguida de uma sensação agridoce, em que a doçura sobressaía. Ela se lembrou das palavras do Pastor: "Amar é uma felicidade", e de repente não sentiu medo algum. Suas pálidas faces tornaram-se rosadas, seus olhos brilharam, e a boca repuxada suavizou-se numa alegre e bela curvatura.

— Obrigada, muito obrigada! — exclamou, ajoelhando-se aos pés do Pastor. — Como és bom! Quão paciente és! Ninguém há no mundo tão bom e generoso como tu, Pastor! Acompanhar-te-ei às montanhas. Eu creio que farás meus pés como os da corça! Confio que me levarás, mesmo a mim, aos Lugares Altos.

— Estou ainda mais contente — disse o Pastor. — Agora você realmente age como quem vai receber um novo nome. Mas há outra coisa que preciso lhe dizer. Eu mesmo a levarei até ao sopé das montanhas, e a protegerei de seus inimigos. Depois, duas companheiras especiais, escolhidas por mim, a guiarão e a ajudarão a cada passo nos lugares difíceis, quando seus pés só poderão coxear.

— Você não me verá todo o tempo, pois como lhe disse, estarei andando pelas montanhas, transpondo as colinas, e você, no começo, não estará apta a acompanhar-me ou permanecer comigo. Isso acontecerá depois. Entretanto, lembre-se: tão logo alcance os aclives das montanhas descobrirá um maravilhoso sistema de comunicação de ponta a ponta do Reino do Amor. Estarei pronto a ouvi-la sempre que desejar falar comigo. Sempre que clamar por socorro, estarei imediatamente ao seu lado.

— Estarão à sua espera, ao pé das montanhas, as duas servas escolhidas por mim para guiá-la. Lembre-se, eu mesmo as escolhi com muito carinho, como as mais hábeis para ajudá-la a desenvolver pés de corça. Você as aceita com alegria como suas auxiliares?

— Oh, sim! — respondeu ela sorrindo. — Tu sabes o que é melhor, e tua escolha é sempre certa —. E acrescentou alegremente: — Sinto como se nunca mais tivesse de enfrentar o medo de novo.

Ele olhou carinhosamente a jovem que acabara de receber a semente do Amor em seu coração e se apressava a acompanhá-lo aos Lugares Altos. Ele a conhecia melhor que ela própria: todos os seus modos e o intrincado labirinto de seu coração solitário. Ninguém, melhor do que ele compreendia que o crescimento até à semelhança com o novo nome é um longo processo, mas sobre isso ele nada disse. Fitando mais uma vez as faces radiantes e os olhos brilhantes que haviam transformado tão de repente a aparência da pequena Grande--Medrosa, ele disse:

— Agora, vá para casa e prepare-se para partir. Não é preciso levar coisa alguma. Simplesmente deixe tudo em ordem em casa. Não fale com ninguém sobre o assunto, pois a jornada para os Lugares Altos demanda segredo. Não posso dizer agora o momento exato da partida, mas será muito em breve. Fique pronta à hora que eu a chamar em seu chalé. Darei a você um sinal secreto. Quando você me ouvir passar entoando um dos cânticos do Pastor com uma mensagem especial para você, saia imediatamente e encontre-me no lugar de costume.

Então, enquanto o sol se punha entre nuvens de ouro e fogo e as montanhas ao leste se ocultavam sob a névoa cinzenta, o Pastor partiu guiando o seu rebanho.

Com o coração cheio de felicidade e encantamento, ela retomou ao seu chalé, certa de que nunca mais enfrentaria o medo. Ao começar a caminhada pelos campos, sob as sombras do crepúsculo que se estendiam cada vez mais longe, cantarolava uma das canções do velho hinário do Pastor. Nunca antes essa canção lhe parecera tão doce, tão apropriada!

"O Cântico dos Cânticos", de todos o mais lindo,
Do Rei canta o amor.
Qualquer prazer do mundo
A ele comparado se toma sem valor.
Seu nome, qual perfume, mui caro é derramado,
E as moças todas cantam!

Quero ir com você,
Com amor o escolhi.
Rei meu, vamos correndo
Ao seu rico palácio.
Lá seremos felizes!
Quero então festejar,
Quero ouvir sua voz.

Não olhe para mim com pouco caso!
Embora maculada e impura eu seja,

> O Rei me achou — um ser de todo desprezível —
> E sobre mim lançou seu grande amor, no qual
> Serei aperfeiçoada,
> Surgindo como um dia
> Em nova madrugada.
>
> (Cantares 1.1-5)

Ela atravessou o primeiro campo cantando e já estava na metade do segundo quando avistou o primo Covardia vindo em sua direção. Pobre Grande-Medrosa! Por pouco se havia ela esquecido completamente da existência dos horríveis parentes, e agora, bem à sua frente, surgia o pior de todos, o mais detestado! Seu coração encheu-se de terrível pânico! Olhou para os lados à procura de um refúgio, mas não havia mais tempo. Era óbvio que Covardia vinha ao seu encontro, com passos apressados. Num minuto estava ao seu lado.

Com um horror que lhe feria o coração, ela o ouviu dizer:

— Bem, encontrei-a finalmente, priminha. Enfim vamos nos casar, hein? Que acha disso? — e dava-lhe beliscões, a princípio de brincadeira, mas depois maldosamente, a ponto de fazê-la ofegar e morder os lábios, reprimindo gritos de dor.

Trêmula de terror e aversão, ela se afastou dele. Foi a pior coisa que podia ter feito, pois era o seu patente medo que o encorajava a atormentá-la. Se pelo menos ela conseguisse ignorá-lo, ele desistiria logo de aborrecê-la e sairia em busca de outra presa. Em toda a sua vida, entretanto, ela nunca conseguira ignorar o medo. Agora estava absolutamente além de suas forças esconder o terror que a dominava.

A palidez de suas faces e o susto dos seus olhos estimulavam Covardia a seduzi-la. E aqui estava ela, sozinha, inteiramente em suas mãos! Ele segurou-a, fazendo a pobre priminha gritar freneticamente de dor e de medo. Porém, de repente Covardia soltou-a e fugiu numa desabalada carreira. O Pastor, imperceptivelmente, se havia aproximado deles. Sua face austera e seus olhos faiscantes, mais o grande cajado em sua forte mão erguida, foram mais que suficientes para espantar o fanfarrão. Covardia, como um escorraçado patife, fugiu sem destino para longe da vila, impulsionado por um só desejo: encontrar lugar seguro.

Grande-Medrosa debulhou-se em lágrimas. Naturalmente ela devia saber que Covardia era um insolente, e que, para fazê-lo correr, bastava que ela erguesse a voz chamando pelo Pastor. Agora, o vestido rasgado, os braços marcados pelas mãos de Covardia representavam a parte menor da sua amargura. Sentia-se esmagada pela vergonha de agir tão rapidamente de acordo com seu próprio nome e natureza, nome que ela esperava já estivesse em processo de transformação.

Se lhe parecia impossível ignorar os Temores, muito pior seria resistir a eles. Ela não ousava levantar a cabeça e olhar o Pastor, mas se o tivesse feito, teria notado quanta complacência havia no olhar dele! Ela não imaginava que o Príncipe do Amor fosse "de tão terna compaixão para com aqueles que sentem medo". Então, cabisbaixa, temendo o desprezo devido aos seus tolos temores, murmurou um tímido "obrigada".

Depois, ainda sem olhar para ele, pôs-se a manquitolar penosamente em direção à vila, chorando e repetindo: "Que adianta pensar nos Lugares Altos? Nunca chegarei lá, pois um simples incidente me faz voltar atrás!".

Entretanto, segura em seu chalezinho, começou a sentir-se melhor. Enquanto tomava uma xícara de chá e a refeição da noite, sentiu-se de tal modo reconfortada que conseguiu recordar-se do ocorrido à beira do lago. Lembrou-se, com frêmito de maravilhoso deleite, que a semente do Amor havia sido plantada em seu coração. Ao pensar nisso, a mesma doçura apoderou-se dela, o indefinível, mas delicioso, êxtase de uma nova felicidade.

"Há felicidade em amar", disse a pequena Grande-Medrosa a si mesma. "Há felicidade em amar!" Depois de preparar a casa para a noite, sentindo-se cansada devido aos tantos conflitos emocionais daquele estranho dia, ela se deitou e, antes de cair no sono, entoou diversas vezes outro belo hino do velho livro de Cânticos.

> Ó meu amado, me diga
> Aonde vai hoje o rebanho
> Dessedentar, dar comida?
> E, quando o sol esquentar,
> Descansando onde estará?
>
> Por que vagar na vida
> Por outros conduzida
> Sem ter você como guia?
>
> Mulher formosa e amada
> Não sabe a trilha, na estrada?
> De ovelhas siga as pegadas,
> Procure o rastro das cabras.
>
> E seja para mim,
> Como eu desejo, sim,
> A mais doce companhia!

(Cantares 1.7,8)

Então ela caiu num sono profundo.

Capítulo 2

INVASÃO DOS TEMORES

Grande-Medrosa acordou bem cedo no dia seguinte, forte e corajosa: seus temores se haviam dissipado e seu primeiro pensamento foi: "É provável que hoje mesmo eu comece minha jornada para os Lugares Altos na companhia do Pastor." Encantada com essa ideia, envolvida nos preparativos da viagem e sempre cantarolando, ela mal conseguiu tomar o café da manhã.

Desde que a semente do Amor fora plantada em seu coração, cânticos de alegria pareciam fluir do mais íntimo de Grande-Medrosa. E os que melhor expressavam essa gratidão e nova felicidade eram os cânticos do velho livro usado pelos pastores enquanto guiavam os rebanhos às pastagens. Assim, enquanto se preparava, seguindo as instruções do Pastor, cantava uma dessas canções.

Enquanto à mesa o Rei está,
Meu nardo sua essência exala,
Aromas raros, nobres ervas

Aos pés do Rei vem derramar.
Mui grato amor quero doar
A quem tão pobre serva amou.

Ó filhas de Jerusalém
Eu sou morena, bem morena,
Da cor das tendas de Quedar.
As sedas finas das cortinas
De Salomão faço lembrar.
No corpo trago do pecado as marcas
Mas, dentro em mim o Amor gravado está.

Não reparem minha cor,
Pelo sol tostada sou.
Meus irmãos, com preconceitos,
Lá de casa me expulsaram,
Para as vinhas me mandaram
Como guarda. Mas, a vinha
Que é minha
Me impediram de guardar.

Uso vestes de nobreza.
Sua graça derramou
Sobre mim, sua beleza.
Sou inútil, tão carente.
Minhas máculas não vê
Ó em mim, só a beleza
Que terei.

(Cantares 1.12-15, 5, 6)

De tempos em tempos, enquanto continuava seu trabalho, o coração de Grande-Medrosa agitava-se de entusiasmo, em parte pelo temor do desconhecido. Mas sempre que se recordava do espinho em seu coração, ela tremia da cabeça aos pés com a mesma sensação de misteriosa doçura. O Amor era também para ela, até mesmo para ela, a aleijadinha. E quando alcançasse os Lugares Altos, ela perderia seu desfiguramento humilhante e se tornaria bela. E quando a planta em seu coração estivesse prestes a florescer, ela seria correspondida no amor. Entretanto, no meio desse otimismo e doçura, a dúvida ainda surgia e sussurrava: Não, isto não pode se tornar realidade; é um belo sonho e nada mais.

"Oh, temo que nada disso venha a acontecer", dizia ela consigo mesma. Mas ao pensar no Pastor, seu coração batia mais depressa, e ela corria à porta ou à janela para ver se ele estava chegando.

Naquela manhã o Pastor não veio. Entretanto, depois do meio-dia aconteceu algo: uma invasão dos seus temíveis parentes. Eles chegaram de repente, antes que ela entendesse o que estava acontecendo. Caíram sobre ela um exército de tias, tios e primos, no meio de uma balbúrdia de passos e vozerio! Covardia, entretanto, não estava com eles. A família dele, sabendo como ele havia sido tratado pela prima na noite anterior, aconselhou-o a não acompanhá-los.

Eles estavam decididos a vencer as objeções da jovem quanto ao seu casamento com Covardia. Tentariam, se possível, convencê-la a acompanhá-los de volta aos seus lares. O plano era procurá-la quando sozinha, longe das vistas do Pastor, quando este estivesse cuidando dos rebanhos. Assim, Grande-Medrosa estaria inteiramente em suas mãos. Ela não poderia ser levada pela força, especialmente de dia, quando muitos servos do Pastor residentes na vila por certo correriam em seu socorro.

Entretanto, conhecendo bem a timidez e a fraqueza de Grande-Medrosa, seus parentes estavam certos de que todos eles juntos poderiam convencê-la a ir com eles à mansão do velho senhor Temor. Desta maneira eles a teriam em seu poder.

O velho Sr. Temor, em pessoa, também fazia parte do grupo, assegurando-lhe num tom paternal que estavam ali com a melhor das intenções. Ele conhecia as objeções dela quanto ao plano do casamento e esperava a oportunidade de convencê-la mediante uma conversa a sós. Prometeu-lhe que, embora essa aliança fosse de grande importância para ele, ela poderia rejeitá-la, pois o enlace não seria realizado à força.

Quando ele terminou de falar, todos os Temores, numa babel, começaram a discutir com ela os planos e a fazer-lhe toda a sorte de sugestões. Diziam-lhe que, de fato, ela se havia afastado dos parentes por longo tempo, por isso fazia ideia errada dos seus sentimentos e das suas boas intenções. Seria ótimo que agora ela permanecesse algum tempo com eles a fim de poderem provar o contrário.

Talvez Covardia não fosse tão gentil e atraente na aparência como um príncipe de conto de fadas, mas suas rudes maneiras poderiam desaparecer ao conhecer ele as doces e refinadas influências do casamento. As responsabilidades e alegrias da vida matrimonial alterariam, por certo, toda essa parte negativa do seu caráter, e transformariam suas atitudes. Seria privilégio dela assistir a essas transformações que eles tanto almejavam, especialmente sendo ela o agente principal.

O grupo todo falava, e falava, enquanto a pobre jovem assentava-se assustada no meio deles quase ignorando o que discutiam. Como eles esperavam, estavam já prestes a conduzi-la a um estado de confusão e medo. Parecia que eles logo a persuadiriam que era seu dever tentar a impossível tarefa de converter Covardia em uma pessoa menos desagradável.

De repente se calaram. Os Temores haviam trancado cuidadosamente a porta do chalé a fim de impedir que Grande-Medrosa fugisse, mas agora se ouvia, distante, um homem cantando uma canção, um dos cânticos do velho livro tão bem conhecido de Grande-Medrosa. Então, pela janela, avistaram a figura do cantor, passando vagarosamente pela rua. Era o Pastor, guiando seu rebanho às águas. As palavras soaram através da janela aberta, acompanhadas do balido suave dos cordeiros e ovelhas e do ruído dos muitos pés empoeirados nas pegadas do Pastor.

Era como se todos os demais sons silenciassem enquanto o Pastor, a cantar, passava nas proximidades do chalezinho. Dentro, o burburinho instantaneamente cessou, surgindo em seu lugar profundo silêncio. Esta era a canção:

> É a voz de meu amado!
> Faz vibrar meu coração!
> Vem saltando pelos montes,
> Sobre os morros — que emoção!
>
> Como é forte o meu querido,
> Mais veloz do que a gazela.
> Ele acena para mim
> Através de uma janela.
>
> Levanta, minha eleita
> o meu convite aceita,
> Pois o inverno já passou.
> A chuva está desfeita,
> Há flores sobre a terra,
> As rolas arrulhando,
> Os pássaros cantando:
> Chegou a primavera!

> A figueira deu seus pomos,
> Nas videiras saltam flores,
> Exalando seus aromas.
>
> Levanta e vem, exijo,
> Formosa, humilde pomba.
> É certo que te escondas,
> Se em tudo há regozijo?
> Teu rosto quero olhar,
> Tua voz quero escutar!
>
> (Cantares 2.8-14)

Assentada no chalé, Grande-Medrosa sabia, com dor cruciante, quase em agonia, que o Pastor a chamava para acompanhá-lo às montanhas. Esse era o sinal secreto dado por ele, e ao ouvi-lo ela deveria estar pronta e sair imediatamente! Agora, aqui estava ela fechada em sua própria casa, vigiada por seus parentes Temores e incapaz de responder ao chamado do Pastor ou mesmo acenar-lhe, falar-lhe dos seus apuros ou pedir-lhe a ajuda de que necessitava.

Houve, entretanto, um momento, quando o canto começou e todos se calaram, que ela deveria ter aproveitado e chamado por ele, clamando por socorro. Ela não imaginava que os Temores estavam aterrorizados, prendendo a respiração; ela não imaginava que se tivesse gritado eles teriam fugido. De qualquer modo, o medo deixou-a paralisada ao ponto de perder a oportunidade; e agora era tarde demais.

No momento seguinte ela sentiu a mão pesada do primo Poltrão tapar-lhe fortemente a boca, enquanto outras mãos a agarravam com firmeza e a prendiam à cadeira. No meio desse silêncio o Pastor passou vagarosamente pelo chalé, perfeitamente visível pela janela, cantando a canção combinada, mas sem receber nenhuma resposta.

Quando terminou de passar, quando as palavras da canção e o som dos passos do rebanho morreram à distância, a jovem desfaleceu. As mãos pesadas do primo, amordaçando-a, deixaram-na quase em estado de choque. Seus parentes poderiam ter aproveitado esse estado de inconsciência para levá-la dali, mas havia muito movimento na rua por ser a hora em que todos voltavam do trabalho. Seria inconveniente e perigoso sair com ela. Então a família Temores decidiu permanecer no chalé até à noite, quando, secretamente, a levariam amordaçada.

Depois de tudo planejado, deitaram Grande-Medrosa para que aos poucos se recuperasse, enquanto tias e primas preparavam na cozinha algo que comer e beber. Os homens, assentados na saleta, fumavam. Desanimada ficou de guarda à vítima semi-inconsciente no quarto.

Lentamente a pobre jovem recuperou os sentidos, mas, ao perceber a sua terrível situação, quase desmaiou de novo, aterrorizada. Ela não se atreveu a gritar por socorro porque os seus amigos ainda estavam fora, no trabalho. Estariam mesmo? Não, era muito mais tarde do que ela imaginava, pois de repente ela ouviu a voz da Sra. Valente, sua vizinha do chalé ao lado. Ao ouvir a voz da amiga, ela se preparou para uma última e desesperada tentativa de fuga.

A prima Desanimada que não esperava aquele repentino movimento, não conseguiu evitar que Grande-Medrosa saltasse da cama e gritasse pela janela o mais alto quanto o seu medo permitia:

— Dona Valente! Dona Valente! Ajude-me! Socorro! Rápido!

Ao som do seu primeiro grito a Sra. Valente virou-se e avistou na janela o rosto pálido e aflito da amiga que, assustada, agitava a mão pedindo ajuda. Num momento o rosto desaparece da janela e a cortina se fecha. Fora o bastante para a Sra. Valente, cujo nome a descrevia muito bem. Dirigiu-se ao chalé da vizinha e tentou inutilmente abrir a porta, muito bem trancada. Depois foi à janela e viu o quarto de Grande-Medrosa cheio dos parentes.

A Sra. Valente não era o tipo de mulher que se intimidava com o que ela chamava "um pacote de irados Temores". Introduzindo o rosto pela janela, ela ameaçou em alta voz:

— Fora desta casa, já, neste minuto, todos vocês! Se não saírem em três segundo eu chamarei o Pastor. Este chalé pertence a ele, e nem queiram pensar no que lhes acontecerá se forem encontrados aqui.

O efeito de suas palavras foi quase mágico. A porta, seguramente trancada, escancarou-se e os Temores todos saíram correndo, tropeçando uns nos outros na ânsia de fugir. A Sra. Valente sorriu vitoriosa ao observar tão ignominiosa fuga. Quando o último havia saído, ela entrou. Grande-Medrosa parecia trespassada de angústia e medo. Aos poucos a Sra. Valente ficou sabendo do plano que os parentes de Grande-Medrosa tinham de raptá-la ao escurecer.

A Sra. Valente, que desconhecia o medo, afugentara os Temores com um simples erguer de mão. Ela se sentiu inclinada a tratar com severidade a tola menina, por ter-se deixado levar por seus parentes e ter caído nas garras deles. Mas ao olhar para aquele rostinho pálido de olhos assustados e corpinho trêmulo, ela compreendeu. "Que adiantaria a censura? Ela não pode agir, coitadinha. Ela mesma é um deles e traz o medo em seu próprio sangue. E quando o inimigo está dentro de nós há pouca esperança de vitória. Acho que ninguém mais, a não ser o próprio Pastor, poderá realmente ajudá-la."

Então, em vez de repreender, ela acariciou a trémula menina e disse-lhe com toda a bondade de seu coração maternal:

— Agora, minha querida, enquanto se refaz do susto, vou à cozinha preparar uma xícara de chá para nós; você se sentirá melhor depois.

Ao chegar à cozinha e ver a mesa de refeições já posta e abandonada pelos indesejáveis visitantes, a Sra. Valente exclamou:

— Ora veja! Se eles não tivessem estado aqui não teríamos a chaleira com água fervendo! — e acrescentou, indignada: — Que bando de gaviões! — e sorriu, ao lembrar-se da maneira como todos fugiram diante de seus olhos!

Depois que tomaram o chá e a Sra. Valente retirou os últimos vestígios dos indesejáveis invasores, Grande-Medrosa estava quase completamente recuperada. A noite já havia caído, e era muito tarde para ir ao lago encontrar-se com o Pastor e explicar-lhe o motivo pelo qual ela não havia atendido ao seu chamado. Seria melhor esperar o amanhecer.

Assim, por sugestão da Sra. Valente, Grande-Medrosa, que estava exausta, foi direto para a cama. A vizinha, sentindo-a a salvo, beijou-a carinhosamente, oferecendo-se para dormir ali aquela noite. Mas a jovem, sabendo que a família da amiga a esperava em casa, recusou e agradeceu o bondoso oferecimento. Mesmo assim, antes de sair, a Sra. Valente colocou uma campainha ao lado da cama da jovem, pedindo-lhe que a usasse no caso de alguém perturbá-la. A família Valente viria rápido em seu socorro. Então a amiga se retirou deixando Grande-Medrosa sozinha em seu chalé.

Capítulo 3

FUGA DURANTE A NOITE

Por horas, a pobre Grande-Medrosa continuou deitada, virando-se de um lado para o outro até bem tarde, sem conseguir dormir, tão magoada estava na mente e no corpo. Em algum lugar, nas profundezas da sua mente, algo terrível a inquietava, como a lembrá-la de alguma coisa que teimava em escapar-lhe. Quando, afinal, conseguiu dormir, ainda esse pensamento a perturbava.

Uma ou duas horas mais tarde, ela acordou de repente com a mente alerta, sentindo uma dor cruciante, até então desconhecida. O espinho em seu coração latejava de maneira quase insuportável. Era como se a dor martelasse alguma coisa confusa, fora do alcance do seu entendimento. Mas de repente, como num temível relâmpago, tudo se tornou claro e ela se encontrou murmurando muitas e muitas vezes: "O Pastor veio e me chamou, conforme havia prometido, mas eu não fui ao seu encontro, nem lhe dei uma resposta. E se ele pensou que eu mudei de ideia e desisti de acompanhá-lo? E se ele se foi de vez e me deixou para trás? É, sim, ele se foi e eu fiquei!"

O choque desse pensamento foi terrível. Ele poderia não entender o motivo por que ela não o acompanhara.

Ele a havia recomendado que estivesse pronta a segui-lo no instante em que a chamasse, sem demora, pois ele mesmo tinha de ir às montanhas resolver negócios urgentes. E naquela noite ela não fora capaz de sequer ir ao lugar do seu encontro costumeiro.

Era natural que ele a julgasse vítima do medo. "Talvez ele já tenha ido sozinho", pensou, gelada, quase batendo os dentes. Mas o pior da sua amargura era a dor sufocante que sentia no coração. Ela sentou-se, tremendo de frio ante o horror desse pensamento. Ela não podia nem pensar na terrível possibilidade de ter sido deixada

Na mesinha de cabeceira, o velho livro de cânticos estava aberto. Lançando-lhe um olhar à luz da lâmpada, ela leu, na página aberta, uma canção sobre outra pastora. Também esta, do mesmo modo que Grande-Medrosa, havia falhado em responder à chamada do Amor e descobriu, tarde demais, que o Amor havia partido.

Essa canção sempre lhe parecera tão triste que ela mal a conseguia ler. Mas agora, na solidão da noite, aquelas palavras pareciam-lhe o grito de seu próprio coração apavorado e infeliz.

> À noite, na cama vazia procuro
> Aquele a quem amo, por todos os lados,
> Eu saio às ruas, buscando no escuro,
> Mas ele se foi, me deixando pasmada.

Terminada a leitura daquela página do hinário, ela não virou a folha. De súbito percebeu que não podia suportar a incerteza por mais tempo. Queria ver, por si mesma, se o Pastor realmente havia ido de vez. Deixou a cama, vestiu-se tão rápido quanto seus dedos trêmulos o permitiam, e abriu a porta do chalé. Sairia à procura do Pastor e descobriria se ele a havia deixado para trás ou — oh, se ao menos fosse possível! — se ele a esperaria e lhe daria outra chance.

Abrindo a porta, mergulhou na escuridão. Centenas de Covardias que estivessem soltos pelas ruas não conseguiriam detê-la naquele momento, pois a dor em seu coração suplantava o medo e tudo o mais, e a impelia para a frente. Assim, nas horas escuras da madrugada, ela saiu à procura do Pastor.

Ela, não podendo caminhar rápido por causa de seus pés defeituosos, ia manquitolando pelas ruas da vila em direção aos campos e apriscos. Enquanto prosseguia, murmurava: "Pastor, quando disseste que Amor e dor vão juntos, como expressaste bem a verdade!"

Soubesse ela, mesmo de maneira vaga, o significado de tudo isso, teria consentido em receber o espinho no coração? Agora era muito tarde: o espinho lá estava. O amor estava lá e a dor também, e por isso ela precisava encontrar o Pastor. Afinal, coxeando e arfando à luz das estrelas, mas sem dizer palavra, ela chegou aos apriscos. Dois ajudantes do Pastor, os quais, assentados, cuidavam dos rebanhos à noite, ao ouvirem a aproximação de passos, ergueram-se e foram ao seu encontro.

— Quem é você? — perguntaram eles na escuridão, e pasmaram-se quando suas lanternas iluminaram o rosto pálido e os olhos assustados de Grande-Medrosa.

— O Pastor-Chefe está? — perguntou ela apoiando-se ao muro do aprisco e recobrando o fôlego.

— Não — respondeu o guarda, olhando-a surpreso. — Ele deixou os rebanhos aos nossos cuidados esta noite, com suas ordens, e disse que precisava ir às montanhas, como sempre o faz, mas não disse quando voltaria.

Grande-Medrosa não conseguia falar. Ela choramingava e apertava as mãos contra o coração, sentindo-o quase a estourar. Que faria agora? Ele, por certo, achando que ela não mais quisesse acompanhá-lo, não a esperou. Trêmula, sentindo a dor do desespero e amparando-se ao muro, ela se lembrou do rosto do Pastor, da ternura e bondade do seu olhar ao convidá-la a acompanhá-lo às montanhas.

Veio-lhe à mente que ele, que se compadecia dela e a compreendia tão bem, conhecendo todos os seus temores, não a deixaria enquanto não estivesse certo de que ela se recusava a acompanhá-lo. Ela olhou para o vale e depois para as montanhas ao leste e para os Lugares Altos. Um fraco facho de luz erguia-se; ela sabia que era a aproximação do nascer do sol. Imediatamente lembrou-se do último verso do cântico triste que ela havia lido, o último verso da página que ela não havia virado. As palavras chegaram-lhe aos ouvidos como um sussurro, bem na hora que um pássaro começava a cantar em um dos ramos ao lado dela.

> Achei meu querido, na noite mortiça,
> E num forte abraço eu o prendi
> E disse àquele que é meu amor:
> Não posso jamais deixá-lo partir.
>
> (Cantares 3.1-5)

Grande-Medrosa acalmou-se e disse a si mesma: "Irei ao lugar do encontro e verei se ele espera por mim lá." E sem dizer uma só palavra aos guardas, ela virou-se e saiu na direção sul, pelo campo onde Covardia a havia encontrado próximo ao lago das ovelhas. Quase esquerda de que era aleijada, andou rápido na direção das árvores distantes que margeavam o lago.

Justamente quando o céu começava a tingir-se de vermelho sobre as montanhas, o alegre e murmurante som da queda d'água chegou-lhe aos ouvidos. E enquanto apressava o passo, sentiu de repente uma cascata de sons jorrando do seu próprio coração: ele estava lá, em pé ao lado do lago, olhando em sua direção, com a luz do amanhecer brilhando em sua face. Ela correu aos tropeções na direção dele, e ele, por sua vez, veio-lhe ao encontro em passos rápidos. Ela caiu-lhe aos pés em soluços.

— Oh, meu Senhor, leva-me contigo conforme tuas palavras. Não me deixes para trás!

— Eu sabia que você viria — disse ele gentilmente — mas, Grande-Medrosa, por que não veio ontem à noite ao lugar do encontro? Não me ouviu chamar quando passei por sua casa? Eu queria dizer-lhe que estivesse pronta para ir comigo ao nascer do sol.

Enquanto ele falava, o sol surgia banhando-os com sua linda luz dourada.

— Eu estou aqui — disse ela, ainda ajoelhada a seus pés. — Irei contigo a qualquer lugar.

Quando ela acabou de dizer essas palavras, o Pastor tomou-a pela mão e iniciaram os dois a jornada em direção às montanhas.

Capítulo 4

PARTIDA PARA OS LUGARES ALTOS

Era a manhã de um belo dia. O vale dormia o seu sono tranquilo. Os únicos sons eram o murmúrio alegre dos regatos e o chilrear jubiloso dos passarinhos. O orvalho brilhava no gramado e as flores silvestres cintilavam como pequenas joias. Especialmente belas eram as anémonas silvestres, púrpuras, vermelhas, escarlates, que salpicavam as pastagens e erguiam as faces mimosas através dos solitários espinhos. Às vezes o Pastor e Grande-Medrosa andavam por caminhos forrados de milhares de minúsculas florzinhas delicadas e graciosas, formando no seu conjunto brilhante tapete, o mais rico tapete jamais visto, nem mesmo em palácios reais.

Uma vez o Pastor curvou-se, tocou gentilmente as florzinhas e disse, sorrindo:

— Viva a doçura deste ambiente, e você descobrirá que o Amor está espalhando um tapete de flores debaixo de seus pés.

— Eu tenho sempre admirado as flores silvestres — disse ela olhando-o séria, e prosseguiu: — Parece estranho que tão grande multidão delas brotem e floresçam em lugares agrestes, onde talvez ninguém as veja e onde cabras e cabritos monteses podem pisá-las e destruí-las. Elas dão tanta beleza e doçura, e contudo não há ninguém que tire proveito delas ou as aprecie.

Era belo o olhar que o Pastor lhe dirigiu, ao dizer:

— Nada do que meu Pai e eu fizemos se perde. As flores agrestes têm uma bela lição a ensinar. Elas se entregam voluntárias, confiantes, mesmo que ninguém as apreciem. É como se cantassem alegre canção a elas próprias acerca da felicidade de amar, mesmo nada recebendo em troca.

— Vou lhe dizer uma importante verdade, que poucos aprendem. As maiores belezas da alma humana, suas grandes vitórias e esplêndidas realizações, são sempre aquelas que ninguém conhece, e que nem de leve podem ser descobertas. Cada resposta íntima do coração humano ao amor, cada conquista sobre o egoísmo, é nova flor na árvore do Amor.

— Até a simples, obscura e silenciosa vida que o mundo desconhece — continuou o Pastor — é verdadeiro jardim de deleites onde as flores e os frutos do Amor alcançam perfeição ao ponto de o próprio Rei do Amor por ele passear e alegrar-se com seus amigos. Alguns dos meus servos têm obtido, na verdade, grandes e visíveis vitórias, e são muito amados e reverenciados por outras pessoas; mas muitas vezes suas maiores conquistas assemelham-se a flores silvestres, que geralmente vivem no anonimato. Aprenda essa lição agora, aqui embaixo no vale, pois quando você estiver passando pelos lugares íngremes e escabrosos das montanhas ela lhe será de grande conforto.

— Venha, os pássaros estão cantando alegres! — acrescentou o Pastor. — Juntemo-nos a eles, e as flores nos dirão o tema do seu cântico.

Então, enquanto se dirigiam ao rio, através do vale, eles entoavam juntos, cada qual por sua vez, os versos de outra antiga canção do velho hinário do Pastor.

> Sou a Rosa de Sarom
> E dos vales sou o lírio.
> Como flor entre os espinhos
> É o amor meu por você.
>
> Macieira linda meu amado é,
> A mais bela do pomar.
> Eu sentada à sua sombra
> Provei fruto doce ao paladar.
>
> Ao palácio fui levada,
> Para a sala de banquetes,
> E comigo, a mais pequena,
> Dividir foi seu poder.
>
> Quero ajuda, me conforte,
> De vergonha estou enferma,
> Sou indigna do seu Nome
> E de ser sua consorte.
>
> Minhas filhas eu lhes peço,
> Peço às cervas e gazelas
> Não despertem meu amado
> Até que me ame — se mereço.
>
> (Cantares 2.1-4, 7)

Ao concluírem a canção, chegaram a uma violenta correnteza que cruzava o seu caminho e caía em cascata lá embaixo, do outro lado. A correnteza, veloz, impregnava o vale com sua doce e alegre melodia.

Enquanto o Pastor a tomava em seus braços para transpor pedras úmidas e escorregadias, ela lhe disse:

— Gostaria de saber o que a água corrente canta. Às vezes, no silêncio da noite, deitada em minha cama, eu escutava a voz do regato que passa pelo jardim de meu chalé. É uma voz a um tempo tão feliz e ansiosa que parece repetir e repetir, para si mesma, alguma secreta e amorável mensagem. Penso que todas as águas correm cantando a mesma canção, em tom alto e claro ou suave e baixo. Gostaria de saber o que essas águas dizem. É bem diferente das vozes do mar e do oceano, mas nunca posso entendê-las. É uma linguagem desconhecida. Dize-me, Pastor. O que cantam as águas em seu percurso?

O Pastor tornou a sorrir, e eles pararam alguns minutos ao lado da corrente, que parecia cantar mais alto e exultante como se soubesse que os dois caminhantes haviam parado somente para escutá-la. Enquanto a jovem permanecia ao lado do Pastor, pouco a pouco os ouvidos e entendimento dela se abriram, e a linguagem da água pareceu-lhe clara. Em virtude de ser impossível escrever a mensagem da água na sua própria linguagem, o resultado do meu esforço será, por certo, muito pobre. Embora essa canção possa ser musicada, é mais difícil lidar com as palavras. Era mais ou menos assim:

A Canção das Águas

Vem, ó vem, saltar, correr
Para baixo, mais e mais descendo

A cada dia, quanta alegria!
Até lá embaixo chegar enfim.
É a lei da vida, lei querida:
"Que coisa linda, ir descendo
Doce anelo, desejo ardente,
Correr, descer muito mais ainda."

Um grito ingente, noite e dia
Nos chama sempre para ir
Buscando os vales, pular, fluir,
Atentas sempre ao chamado seu
Até lá embaixo chegar enfim.
Doce anelo, desejo ardente,
Correr, descer, voltar, subir.

— É muito interessante — disse Grande-Medrosa, depois de ouvir durante alguns minutos, e descobrir que ouvia o estribilho, repetido muitas e muitas vezes, embora com milhares de variações de pequenos trinados e murmúrios, acompanhado de longos suspiros.

— "Vamos descer mais e mais", a água parece cantar alegremente, pois tem pressa de descer aos lugares mais baixos. Se é assim, como me chamas para os Lugares Altos? Qual o sentido de tudo isto?

— Os Lugares Altos — respondeu o Pastor — são o começo da jornada para o lugar mais baixo do mundo. Quando você tiver pés de corça e puder saltar pelas montanhas e colinas, estará habilitada, como eu, a correr dos lugares mais altos aos mais baixos em alegre altruísmo, e depois voltar às montanhas. Você estará habilitada a chegar aos lugares altos mais rápido que as águias, pois é somente lá, nos Lugares Altos do Amor, que qualquer pessoa recebe o poder de derramar-se a si mesma em total autodoação.

Essas palavras pareciam estranhas e misteriosas, mas agora que seus ouvidos haviam sido abertos, ela poderia ouvir e entender a canção que se repetia mais e mais por todos os regatos e ribeiros que lhe cruzassem o caminho ou corressem ao seu lado. Parecia, também, que as flores agrestes cantavam o mesmo tipo de canção, mas na sua linguagem colorida que, como no caso da água, só podaria ser entendida pelo coração, não pela mente. Pareciam formar um coro de milhares e milhares em suas diferentes notas coloridas.

> É a lei da vida salutar.
> Saber quão doce é dar, e dar...

Depois disso Grande-Medrosa sentiu que todos os pássaros chilreavam e trinavam, com inúmeras variações, um tema delicado também, mas com um estribilho que se repetia todo o tempo.

> Seres alados sabem cantar.
> Como é bom poder amar!

— Nunca Imaginei antes — disse de repente — que o vale fosse lugar tão bonito e tão cheio de melodias!

O Pastor riu e respondeu:

— Só o Amor pode realmente entender a música, a beleza e a alegria plantadas no coração de todas as criaturas. Esqueceu-se de que há dias eu plantei a semente do Amor em seu coração? É esse Amor que lhe permite ouvir e ver coisas antes despercebidas.

— Como o Amor está crescendo em você — continuou o Pastor — você ainda virá a entender muitas coisas com as quais nunca antes sonhou. Desenvolverá o dom de entender muitas "línguas desconhecidas" e aprenderá a falar a própria linguagem do Amor também. Mas primeiro terá de aprender a soletrar o Alfabeto do Amor e a desenvolver os pés de corça. Ambas estas coisas você aprenderá durante a jornada. Estamos agora à margem do rio, e do outro lado dele começam os sopés das montanhas onde dois guias esperam por você.

Era estranho e por certo maravilhoso, pensava ela, que eles tivessem alcançado o rio tão depressa e estivessem próximos das montanhas. Segura pela mão do Pastor e amparada pela sua força, ela se havia realmente esquecido do seu defeito físico, nem consciência tinha de canseira ou fraqueza. Oh, se ele próprio pudesse levá-la por todo o caminho aos lugares montanhosos em vez de entregá-la aos cuidados de outros guias!

Pensando nisso, ela implorou:

— Tu mesmo não podes guiar-me sempre? Quando estou contigo sinto-me forte! Tenho certeza de que ninguém mais além de ti poderá levar-me aos Lugares Altos!

Ele olhou para ela com bondade e respondeu calmo:

— Grande-Medrosa, eu poderia atender ao seu desejo. Eu mesmo poderia transportá-la aos Lugares Altos, em vez de obrigá-la a subir sozinha. Entretanto, se eu o fizesse você nunca seria capaz de desenvolver pés de corça e acompanhar-me aonde quer que eu fosse. Agora, se você subir às alturas por si mesma com as companheiras escolhidas por mim, muito embora tenha de percorrer um caminho longo e em alguns pontos muito difícil, eu lhe prometo que no final você terá pés de corça.

— Além disso — Prosseguiu o Pastor — você será capaz de ir comigo "saltando pelas montanhas", e fará a subida e a descida num abrir e fechar de olhos. Ainda tem mais: Se eu levá-la aos Lugares Altos agora, apenas com uma pequena semente do Amor em seu coração, você não estará apta para viver no Reino do Amor. Você terá ainda de ficar do lado de fora em lugares não muito altos, até mesmo ao alcance dos seus inimigos.

— Alguns deles, você sabe, podem visitar os lugares baixos da montanha — advertiu o Pastor. — Não tenho dúvida de que você os encontrará ao subir. Foi por isso que eu escolhi com cuidado para você dois dos melhores e mais fortes guias. Eu lhe garanto, entretanto, que nunca, por um momento sequer, estarei fora do seu alcance ou pedido de socorro, mesmo que você não possa me ver. Será como se eu estivesse presente ao seu lado todo o tempo, muito embora invisível. Minha promessa fiel é que esta jornada tem a finalidade de desenvolver pés de corça em você.

— E me darás outro nome quando eu alcançar o topo? — perguntou Grande-Medrosa, que de repente parecia ter-se tornado surda à música ao seu redor, e de novo cheia de temores.

— Sim, por certo. Quando a flor do Amor estiver pronta para desabrochar em seu coração, você será correspondida no amor, e receberá novo nome — replicou o Pastor.

Ao alcançar a ponte, ela parou e olhou o caminho percorrido. O vale parecia verde e tranquilo, enquanto as montanhas, a cujos pés logo chegariam, erguiam-se acima deles como gigantescas torres ameaçadoras. Lá ao longe estavam as árvores ao redor da Vila Grande Apreensão, e com repentina dor ela avistou os ajudantes do Pastor no seu alegre trabalho, os rebanhos vagando pelas pastagens. Avistou também o tranquilo e pequeno chalé branco onde havia morado. Enquanto essas coisas surgiam, lágrimas começaram a subir-lhe aos olhos e o espinho espetou-lhe o coração; mas quase de imediato ela se virou e disse ao Pastor, agradecida:

— Eu confiarei em ti e farei tudo o que quiseres. Nesse momento o Pastor, olhando para o rosto de sua acompanhante, sorriu com doçura e disse algo nunca dito antes:

— Você tem verdadeira beleza, Grande-Medrosa; tem olhos tão confiantes! Confiança é uma das mais belas coisas no mundo. A confiança refletida em seus olhos, faz você mais bela que uma gentil rainha!

Estavam agora sobre a ponte, e em pouco tempo alcançariam o pé das montanhas, onde começavam os primeiros aclives. Aqui e ali, grandes pedras se espalhavam ao redor. Grande-Medrosa avistou os vultos de duas mulheres de rosto velado, assentadas numa das rochas à beira do caminho, já quase no sopé das montanhas. Ao se aproximarem ela e o Pastor, as duas mulheres se ergueram e em silêncio curvaram-se reverentemente diante dele.

— Aqui estão suas duas guias — disse o Pastor. — E agora em diante e até atravessarem os lugares íngremes e difíceis, elas serão suas companheiras e auxiliares.

— A jovem olhou-as cheia de medo. Elas eram altas e de forte compleição; mas, por que traziam o rosto velado? Por que escondiam a face? Quanto mais ela olhava para as duas mulheres, mais se aterrorizava. Elas eram silenciosas, fortes e cheias de mistério. Por que não falavam? Por que nem mesmo fizeram um gesto de saudação?

— Quem são elas? — perguntou baixinho ao Pastor. — Podes dizer-me os seus nomes? Por que não falam comigo? Serão mudas, porventura?

— Não, elas não são mudas — disse o Pastor em voz baixa

— Elas falam uma linguagem nova, um dialeto das montanhas, o qual você ainda desconhece. Porém, à medida que as acompanhar, pouco a pouco entenderá as palavras delas.

— E elas são ótimas professoras também. Poucas há melhores que elas. Quanto aos seus nomes, eu os darei na sua língua. Mais tarde você os aprenderá na própria língua delas. Esta — disse ele, indicando a primeira das duas silenciosas figuras — chama-se Tristeza. A outra é sua irmã gémea e chama-se Sofrimento.

Pobre Grande-Medrosa! Seu rosto se empalideceu e ela tremeu da cabeça aos pés! Sentiu-se desfalecer, e apoiou-se no Pastor para não cair.

— Eu não posso ir com elas — gaguejou. — Não posso! não posso! Ó meu Senhor e Pastor! por que fizeste isso comigo? Como posso viajar na companhia delas? Isso é mais do que posso suportar! Tu me dizes que o caminho da montanha já é tão íngreme e escabroso que não posso percorrê-lo sozinha. Então, por que, oh, por que fazer de Tristeza e Sofrimento as minhas companheiras? Não poderias dar-me Paz e Alegria, que me fortalecessem e encorajassem nessa jornada tão difícil? Nunca esperei que tivesses coragem de fazer isso comigo! — E debulhou-se em lágrimas.

O rosto do Pastor assumiu estranha expressão ao ouvir esse desabafo. Então, olhando as duas figuras veladas enquanto falava, respondeu gentilmente:

— Alegria e Paz. São essas as duas companheiras que escolheria? Lembre-se de que prometeu aceitar as auxiliares que eu lhe indicasse, certa de que eu lhe escolheria as melhores guias? Você confia em mim? Está disposta a ir com elas ou prefere voltar ao vale, à sua família Temores e ao próprio Covardia?

Ela estremeceu. A escolha parecia terrível! O Medo, ela o conhecia muito bem; mas Tristeza e Sofrimento sempre lhe pareceram as mais terríveis coisas que poderia encontrar! Como seguir com elas e abandonar-se ao seu poder e controle? Parecia impossível! Então ela olhou o Pastor e de súbito sentiu que não podia duvidar dele nem voltar atrás; que se ela não fosse capaz de amar a ninguém no mundo, mesmo trémula de susto, sentindo-se miserável, ela ainda o amaria. Mesmo que ele pedisse o impossível, ela não lhe recusaria.

Olhando-o pesarosamente, ela disse:

— Se eu quero voltar atrás? Oh, Pastor, para quem iria eu? No mundo todo eu só tenho a ti! Ajuda-me a seguir-te, mesmo que isso pareça impossível! Ajuda-me a confiar em ti tanto quanto eu desejo amar-te!

O Pastor, ao ouvir essas palavras, ergueu a cabeça e soltou uma gargalhada, um gargalhar cheio de júbilo, de gozo e de triunfo. O gargalhar de triunfo ecoou pelas paredes das rochas do pequeno desfiladeiro até repercutir, brevemente, pela montanha inteira. O eco parecia subir de rocha em rocha até chegar aos picos mais altos, e aos poucos, morrer nos céus. Silenciada a última nota, a voz do Pastor soou mansa:

— Tu és toda formosa, querida minha, e em ti não há defeito —. E acrescentou: — Não tema, Grande-Medrosa, creia somente. Prometo que você não será humilhada. Siga com Tristeza e Sofrimento. Se não consegue aceitá-las agora, quando chegar aos lugares difíceis e não puder caminhar sozinha, coloque as mãos confiantemente nas mãos delas, e elas a conduzirão exatamente aonde desejo que vá.

Ela permaneceu em silêncio olhando o rosto do Pastor, cujo olhar era agora exultante, o olhar de quem, acima de tudo, se alegra em salvar e libertar. No coração dela, a letra de um hino, escrito por um dos seguidores do Pastor, começou a soar. Ela começou a cantarolar doce e suavemente:

> Oh, deixa a tristeza fazer seu trabalho,
> Lágrimas e dor trazendo a mim.
> Mensageiras serão, no meu coração
> Deixando, marcas de doce refrão:
> Quero sentir mais amor, ó Senhor,
> Meu Cristo, sentir, por ti, mais amor!

"Outros devem ter passado por aqui antes de mim", pensou ela. "E poderiam ter cantado esta canção também. Será ele, que é tão forte e gentil, menos fiel e misericordioso comigo, que sou fraca e covarde criatura, quando é óbvio que ele se deleita acima de tudo em libertar seus seguidores de todos os seus medos e levá-los a salvo aos Lugares Altos?" Com isso veio-lhe o pensamento de que, quanto mais depressa fosse ela com esses novos guias, tanto mais rapidamente alcançaria os Lugares Altos!

Ela seguiu em frente e, olhando as figuras veladas, disse com uma coragem que nunca julgou tivesse antes:

— Eu irei com vocês. Por favor, mostrem-me o caminho — Por enquanto ela não se atrevia a segurar nas mãos delas.

O Pastor riu de novo e disse com clareza:

— Deixo-lhe a minha Paz. Minha Alegria será plena em você. Lembre-se de que eu mesmo me comprometi a levá-la aos Lugares Altos no topo destas montanhas, e que você não será humilhada. E agora, "antes que refresque o dia, e caiam as sombras... faze-te semelhante ao gamo ou ao filho das gazelas sobre os montes escabrosos" (Cantares 2.17).

Momentos depois, antes de Grande-Medrosa perceber o que estava acontecendo, ele saltou para uma grande rocha ao lado do caminho e dali para outra, e mais outra, com movimentos tão rápidos que seus olhos mal podiam acompanhar. Ele foi saltando lépido pelas montanhas, subindo cada vez mais alto, até se perder de vista.

Quando não puderam mais vê-lo, ela e suas duas novas companheiras começaram a jornada. Deve ter sido um quadro curioso esse começo de jornada. Grande-Medrosa coxeando em direção aos Lugares Altos, tão longe quanto possível das duas figuras veladas, fingindo não ver as mãos estendidas para ela. Mas ninguém poderia observar essa cena, pois se de fato há um processo secreto, esse é o desenvolvimento de pés de corça, o qual não permite nenhum observador.

Capítulo 5

ENCONTRO COM O ORGULHO

Logo no começo da jornada Grande-Medrosa pôde perceber o quanto necessitava do auxílio das companheiras, tantos eram os empecilhos do caminho. Cada vez que sentia o tremor do medo, ela se colocava entre as duas e seguia segura pelas mãos delas. Tão logo assumia esta posição suas forças se refaziam com a admirável energia que delas emanava. Pôde então sentir-se capaz de percorrer até mesmo o caminho mais difícil com a ajuda delas. Por certo, sem o auxílio delas tal empreendimento teria sido impossível, e isso mesmo para uma pessoa forte e de pés perfeitos.

Não haviam caminhado muito e Grande-Medrosa sentiu mais de perto ainda o quanto necessitava de suas guias, não só pela aspereza do caminho, mas porque percebera, para surpresa sua, a presença de inimigos que por certo a teriam feito desistir da jornada e voltar, se estivesse sozinha.

Para deixar isso bem claro temos de voltar ao Vale da Humilhação e ver o que estava acontecendo lá. Grande era a ira e a consternação de toda a família Temor ao descobrir que sua parente fugira do vale em direção às montanhas em companhia do Pastor, a quem tanto odiavam. Durante o longo tempo em que a pequena Grande-Medrosa fora conhecida por feia, aleijada e miserável, os parentes nem se tinham importado com ela. Agora não podiam suportar a ideia de dentre eles todos, ela, justamente ela, tivesse sido separada e convidada a morar nos Lugares Altos! Talvez fosse até servir no palácio do Grande Rei!

Quem era Grande-Medrosa para tanto privilégio, enquanto o restante da família vivia jogado no Vale da Humilhação? Nem era tanto que eles quisessem ir para as montanhas, longe disso; mas era intolerável que ela fosse.

Assim, em vez de permanecer esquecida aos olhos de seus parentes, ela se tornou de repente a figura central dos interesses e pensamentos deles. Não só os seus parentes imediatos se preocupavam com tais fatos, mas também até as suas mais distantes ligações familiares. Com exceção dos servos do Rei, a população toda do vale, revoltada com a partida da jovem, estava decidida a trazê-la de volta de qualquer maneira, fazendo que o odiado Pastor falhasse em seus planos de tirá-la do meio deles.

Um grande conselho da família, constituído dos parentes de maior influência, reuniu-se com o propósito de discutir a maneira de capturar a fugitiva e trazê-la de volta ao vale como escrava permanente. Decidiram, afinal, enviar alguém o mais rápido possível no seu encalço, a fim de forçá-la a voltar. Esqueceram-se, porém, de que forçá-la nada adiantaria, visto que ela estava sob a proteção do Grande Pastor. Alguns entendiam então que deviam persuadi-la a espontaneamente deixar o Pastor. Mas como fazer isso?

Depois de muita discussão, por unanimidade resolveram enviar um membro distante da família, chamado Orgulho.

A sorte caiu sobre ele por diversas razões. Primeiro, ele não era só forte e poderoso, mas também jovem e de bela aparência. Seu poder de sedução era patente. Enfatizaram a Orgulho que, caso não fosse bem-sucedido em seus argumentos, devia, sem escrúpulos, tentar exercer seus poderes de sedução com o fim de afastar Grande-Medrosa das influências do Pastor.

Além disso, o jovem estava longe de admitir derrota ou fracasso nos seus empreendimentos, e não desistiria da luta enquanto não atingisse seus propósitos. Como todos sabiam, voltar sem sua presa, confessando derrota, seria a última coisa a acontecer com Orgulho. Assim, quando ele aceitou a tarefa, sabia-se de antemão que tudo seria resolvido a contento geral.

Grande-Medrosa e suas duas companheiras haviam feito somente alguns dias de jornada, aliás com pequeno progresso, quando, certa manhã, ao se desviarem de uma enorme rocha, depararam com Orgulho caminhando na direção delas. Embora tenha ficado surpresa e desconfiada, ela não se alarmou. Como esse primo sempre a tivesse desprezado e ignorado, a princípio nem lhe ocorreu que ele pudesse lhe dirigir a palavra. Supôs que ele simplesmente passasse por ela do modo costumeiro, sem lhe dar importância.

O jovem Orgulho, que estivera de atalaia espionando por várias horas antes de se apresentar, deleitou-se ao notar que embora a prima estivesse ladeada pelas duas mulheres, estava aparentemente sem a companhia do Pastor. Ele se aproximou confiante, gentil e estranhamente afável. Para grande surpresa dela, o rapaz parou à sua frente e a cumprimentou.

— Enfim, minha priminha, aqui está você! Finalmente a encontro! E quanto trabalho para descobri-la!

Como vai, primo Orgulho? — disse a pobrezinha, inocentemente. Entretanto, ela devia saber que, se nem devia cumprimentar, muito menos devia parar e conversar com qualquer dos seus parentes do vale. Mas era agradável, depois de tanto tempo ignorada e desprezada, ser cumprimentada como a um igual. Além disso, sua curiosidade fora aguçada. Naturalmente, se se tratasse daquele detestado Covardia, nada a teria induzido a parar e conversar.

— Grande-Medrosa — disse Orgulho sério, segurando-lhe a mão de maneira gentil (naquela parte do caminho onde se encontraram, ela estava livre das mãos das companheiras, pois o caminho tomara-se fácil e suave) — fiz esta viagem com o propósito de tentar ajudá-la. Permita-me fazê-lo e escute-me com muita atenção e seriedade.

— Minha querida prima: Você deve abandonar esse louco projeto e voltar comigo para o vale. Não imagina a verdadeira posição na qual se enredou, nem o terrível futuro que a espero. Aquele que a persuadiu a encetar esta imprópria jornada (Orgulho nem se atrevia a mencionar o Pastor pelo nome) é conhecido por haver seduzido outras vítimas incautas desse mesmo modo.

— Sabe o que lhe acontecerá, minha prima — perguntou Orgulho — se persistir nessa jornada? Todas aquelas belas promessas de levá-la ao seu Reino e torná-la feliz são puro falsidade. Quando ele a tiver lá em cima nas partes desoladas das montanhas, ele a abandonará e a deixará sozinha e humilhada

Pobre Grande-Medrosa! Tentou tirar a mão das mãos dele, pois entendia agora o motivo da sua presença. Sentia nele ódio pelo Pastor, mas quando tentou livrar a mão, ele a prendeu com mais força ainda. Ela devia saber que, se desse ouvidos ao Orgulho, livrar-se dele seria a coisa mais difícil do mundo. Ela odiava tudo o que ele havia dito, mas com sua mão presa na dele as palavras tinham o poder de parecer horrivelmente plausíveis e verdadeiras.

Não havia ela muitas vezes sentido no coração esses mesmos impulsos e possibilidades sugeridos por Orgulho? Mesmo que o Pastor não a abandonasse (e era o que ela cria), não poderia ele, pelo fato de haver indicado Tristeza e Sofrimento como suas companheiras, permitir, no final (para o bem de sua alma, é claro) que ela fosse humilhada diante de seus parentes e afins? Não seria ela quase na certa exposta ao ridículo? Quem saberia aonde o Pastor a levava, obrigando-a a ir em frente?

Grande-Medrosa logo descobriu como era terrível deixar que Orgulho segurasse alguém pela mão. Suas sugestões são terrivelmente fortes, e através do contato, de um toque, ele pode pressionar esse alguém, com força quase irresistível, a voltar atrás.

— Volte! — dizia ele com veemência. — Desista dessa viagem antes que seja tarde. No fundo do seu coração você bem sabe que minhas palavras são a expressão da verdade! Sabe que será humilhada diante de todos. Desista, desista enquanto é tempo. Essa promessa de morar nos Lugares Altos é fictícia. Valerá o preço que você terá de pagar? O que deseja encontrar nesse mitológico Reino lá nas alturas?

Inteiramente contra a sua vontade, e simplesmente porque ele parecia tê-la em seu poder, Grande-Medrosa deixou escapar as palavras: — Eu estou em busca do Reino do Amor — disse fracamente.

— Foi o que pensei — murmurou Orgulho. — Em busca do desejo do seu coração, hein? E agora, tenha um pouco de orgulho, de amor-próprio, e pergunte a si mesma, honestamente, se não é tão feia e deformada que ninguém, mesmo no vale, pode amá-la? Essa é a verdade brutal. Diante disso, como pode esperar ser bem recebida no Reino do Amor, onde só a beleza e a perfeição são admitidas? Poderá realmente obter o que busca?

Não, eu lhe digo de novo que você mesma sente isto, e o sabe muito bem. Então seja honesta, afinal, e desista. Volte comigo antes que seja muito tarde!

Pobre Grande-Medrosa! A ideia de voltar parecia quase irresistível, mas enquanto presa por Orgulho, sentindo que todas as palavras dele eram a dolorosa verdade, surgiu no seu íntimo a visão do rosto do Pastor. Lembrou-se do olhar com que ele proferira: "Comprometo-me a levá-la lá, e nunca será humilhada." De repente foi como se o ouvisse de novo, repetindo suavemente, numa radiante visão:

> Linda tu és meu amor!
> O olhar das rolas tu tens.
> Pura tu és, minha flor,
> Pura, sem manchas tu és!

Antes que Orgulho pudesse perceber o que acontecia, ela soltou um desesperado pedido de socorro, que ecoou pela montanha: "Volta, Pastor! Volta rápido! Não te demores, ó meu Senhor!"

Ouviu-se de imediato o som de pedras rolando, um prodigioso salto, e no instante seguinte o Pastor ali estava ao lado deles, o rosto terrível, o cajado erguido à altura da cabeça, pronto a desferir o golpe. Num momento Orgulho soltou a mão que tinha fortemente presa à sua, e tratou de sair pelos cantos das pedras, escorregando e tropeçando enquanto fugia e se perdia de vista.

— Grande-Medrosa — disse o Pastor num tom gentil mas de firme censura: — Por que permitiu que Orgulho a segurasse pela mão? Se estivesse segurando as mãos de suas companheiras, isso nunca teria acontecido.

Pela primeira vez e por sua própria iniciativa, ela segurou as mãos das companheiras em busca de proteção. Elas lhe seguraram as mãos muito fortemente, mas nunca com tanta dor, amargura e tristeza como agora.

Grande-Medrosa aprendeu assim a primeira importante lição nessa jornada: Se alguém parar a fim de falar com Orgulho e ouvir suas venenosas sugestões e, acima de tudo, se se deixar prender por ele em qualquer parte do corpo, a tristeza tomar-se-á inexplicavelmente mais insuportável e à amargura será acrescentada a angústia de coração.

Depois disso ela se sentiu coxear mais dolorosamente do que nunca, desde a partida do vale. Quando ela clamou por socorro, Orgulho pisou-lhe os pés de tal forma que os deixou mais aleijados e doloridos do que nunca.

Capítulo 6

DESVIO PARA O DESERTO

Depois do encontro com Orgulho, as três continuaram a caminhar, mas Grande-Medrosa coxeava mais dolorosamente e andava mais devagar do que antes. Entretanto, depois que aceitou a assistência das companheiras com a maior boa vontade, gradualmente os efeitos do encontro dissiparam-se e ela começou a fazer maiores progressos.

Um dia, de repente, para espanto e consternação de Grande-Medrosa, o caminho desviou-se e tomou o rumo do vale. Lá embaixo ela divisou imensa planície a perder de vista, o que era nada menos e nada mais que um deserto, extensão interminável de dunas e areia, sem sinal de vegetação. Sem uma só árvore! Os únicos objetos que quebravam a monotonia do deserto eram estranhas pirâmides projetadas como torres acima das dunas, esbranquiçadas pelo tempo e terrivelmente solitárias. Para horror de Grande-Medrosa, suas guias iniciaram a descida. Ela parou de repente e disse:

Não devemos descer. O Pastor me chamou para os Lugares Altos. Temos de encontrar algum caminho que nos leve para cima, e não para baixo — Mas as companheiras acenaram-lhe que as acompanhasse em direção ao deserto.

Grande-Medrosa olhou à direita e à esquerda, mas parecia incrível! Não havia mesmo jeito de continuar subindo. O caminho da montanha por onde iam terminava abruptamente no precipício. Os penhascos erguiam-se como torres agudas acima delas em todas as direções, verticais como paredes, fechando-lhes a passagem.

— Eu não posso descer — disse Grande-Medrosa quase paralisada pelo choque e pelo medo. — Ele não podia permitir isso! Nunca! Ele me chamou para os Lugares Altos. Tudo isso parece uma terrível contradição do que ele me prometeu.

Ela ergueu a voz e clamou em desespero: — Pastor, vem para mim! Ó pastor, eu preciso de ti! Vem e ajuda-me!

Num momento lá estava ele ao lado dela.

— Pastor — disse, desalentada — não posso entender. As guias que me deste dizem que temos de descer ao deserto, justamente em sentido contrário aos Lugares Altos. Tu não queres dizer que elas estão certas, não é? Tu não podes ser contraditório. Dize-lhes que não temos de descer e mostra-nos outro caminho. Providencia-nos um caminho, Pastor, assim como me prometeste.

Ele olhou para ela e respondeu gentilmente:

— Este é o caminho, Grande-Medrosa, e terá de descer por ele.

— Oh, não! — gritou ela. — Tu não queres dizer isso. Disseste-me que se eu confiasse em ti me levarias aos Lugares Altos, e este caminho vai justamente em sentido oposto. Isso contradiz tudo o que me prometeste.

— Não — respondeu o Pastor. — Não é contradição. É somente um adiamento, a fim de que o melhor se torne possível.

Grande-Medrosa sentiu como se ele a tivesse apunhalado o coração.

— Queres dizer — continuou ela, incrédula — queres realmente dizer que eu tenho de seguir este caminho para baixo, para baixo até o deserto, longe das montanhas indefinidamente? Pois — havia um traço de angústia em sua voz — levará meses, anos talvez, até que o caminho nos leve de novo às montanhas. Oh, Pastor, queres dizer que é um adiamento indefinido?

Ele curvou a cabeça em silêncio, e Grande-Medrosa ajoelhou-se aos seus pés, quase esmagada pela dor. Ele a guiava para longe dos desejos do coração dela, sem fazer-lhe nenhuma promessa acerca do tempo em que a traria de volta. Enquanto ela olhava o que lhe parecia um deserto sem fim, o único caminho que ela podia ver levava para longe, para bem longe dos Lugares Altos, e era todo deserto! Então ele falou tranquilamente:

— Grande-Medrosa, você me ama ao ponto de aceitar o adiamento e a aparente contradição da promessa, e descer comigo ao deserto?

Ela continuava ainda ajoelhada aos seus pés, soluçando como se o coração lhe fosse partir. Mas agora, olhando-o através das lágrimas, tomou-lhe a mão e disse, trêmula:

— Sim, eu te amo, tu sabes que eu te amo. Oh, perdoa-me o não conseguir dominar as lágrimas. Irei contigo ao deserto, para longe do que me prometeste, se esta é a tua vontade. Mesmo que não possas contar-me a razão dessa descida, eu irei contigo, pois sabes o quanto te amo. Tu tens o direito de escolher para mim qualquer coisa que seja do teu agrado.

Era bem cedo de manhã, e lá em cima, sobre eles, tremulando sobre a silente expansão do deserto, a jovem lua crescente cintilava como joia.

Antes de partir, Grande-Medrosa construiu seu primeiro altar, uma pequena pilha de pedras quebradas, e então, com o Pastor em pé ao seu lado, ela depositou no altar sua trémula e rebelde vontade. Um pequeno jato de chama, vindo de algum lugar, num instante nada mais deixou no altar que um punhado de cinzas. Para ela, a princípio, foi o que pareceu: cinzas e nada mais. Porém o Pastor mandou-a olhar com mais atenção e ela viu entre as cinzas uma pequena pedra escura, aparentemente comum.

— Apanhe essa pedra e guarde-a — disse o Pastor gentilmente. — Será um memorial deste altar que você edificou e de tudo o que ele significa.

Grande-Medrosa tomou a pedrinha do meio das cinzas, mal olhando para ela e sentindo que até ao fim de sua vida ela não precisaria nunca de um lembrete daquele altar, pois como poderia um dia esquecer-se dele ou se esquecer da angústia daquela primeira rendição! Mas ela colocou a pedra numa pequena mochila que recebera das mãos do Pastor, e carregou-a com cuidado.

Logo começaram a descer, e Grande-Medrosa, ao dar o primeiro passo, começou a sentir a emoção da mais doce alegria e conforto, que emanava da presença do Pastor. Ela não teria somente Tristeza e Sofrimento por companheiras, pois ele também estava ali. Assim que começaram a caminhada, ele começou a entoar um cântico nunca antes ouvido por Grande--Medrosa. O cântico soava tão doce e confortante que a angústia dela começou a desaparecer. Era como se a canção lhe sugerisse, em parte, a razão do estranho adiamento de todas as suas esperanças. Esta era a canção:

Jardim Fechado

Jardim fechado, amor, és tu,
Ninguém teus frutos pode comer.
Manancial fechado, selada fonte,
Pomar com frutos sem igual, és tu.
Ó vento norte levanta e vem,
Ó vento sul acorda também!
Meu jardim assoprem fazendo espalhar
Doces perfumes cheirosos no ar.

(Cantares 4.12-16)

Eles alcançaram o deserto surpreendentemente rápido, porque apesar do caminho ser escabroso, Grande-Medrosa descansava no Pastor e esquecia-se de sua própria fraqueza. Ao fim daquele mesmo dia eles chegaram às pálidas dunas e caminharam em direção de uma cabana construída à sombra de uma das grandes pirâmides. Ali resolveram pernoitar. Ao pôr do sol, quando o astro-rei parecia arder em fogo na orla ocidental do deserto, o Pastor conduziu Grande-Medrosa ao pé da pirâmide.

— Grande-Medrosa — disse ele — todos os meus servos, a caminho dos Lugares Altos, tiveram de fazer este desvio pelo deserto. Isto é chamado "o fogareiro fumegante" do Egito "e grande pavor e densas trevas" (Gênesis 15.12, 17). Aqui eles aprenderam muitas coisas sobre as quais nada sabiam.

— Abraão foi o primeiro de meus servos a percorrer este caminho. Esta pirâmide estava já esbranquiçada pelo tempo quando ele a viu pela primeira vez. Então passou José, com lágrimas e angústia de coração, olhou-a também e aprendeu a lição do fogareiro fumegante. Desde esse tempo, uma sucessão sem fim de meu povo tem passado por aqui. Têm vindo para aprender o segredo da realeza; e agora é a sua vez, Grande-Medrosa. Você faz parte da fila da sucessão. É um grande privilégio, e se quiser, pode também aprender a lição do fogareiro fumegante e das cerradas trevas do mesmo modo como o fizeram os que por aqui passaram antes, e continuaram o seu caminho como príncipes e princesas da linha Real.

Grande-Medrosa olhou para a alta pirâmide, agora ensombrada e escura contra o sol poente. Embora parecesse abandonada no vasto deserto, a pirâmide representava para ela um dos mais majestosos objetos já vistos. Num momento o deserto se encheu de pessoas, uma procissão sem fim. Lá estava o próprio Abraão e Sara, sua mulher, os primeiros exilados numa terra estranha. Lá ia José, o traído e ferido irmão, vendido como escravo, que, ao chorar pela tenda de seu pai, viu somente a alienada pirâmide. Então, um após outro, ela viu grande multidão, tão grande que homem algum poderia contar, desfilando pelo deserto numa linha que parecia sem fim. O último da fila deu-lhe a mão e assim ela se juntou à corrente que passava. Palavras vieram-lhe aos ouvidos também, e ela as entendeu plenamente.

"Eu sou Deus, o Deus de teu pai. Não temas descer ao Egito, pois eu te farei ali uma grande nação" (Gênesis 46.3).

Depois disso eles voltaram à cabana a fim de passar a noite. Pela manhã o Pastor chamou Grande-Medrosa e a levou para fora. Desta vez ele abriu uma pequena porta na parede da pirâmide e ambos entraram. Havia uma passagem que ia até o centro, de onde uma escada em espiral levava aos andares de cima.

Mas o Pastor abriu outra porta que saía da sala central no andar térreo. Chegaram a uma sala grande, semelhante a um celeiro. Lá havia montões de grãos em toda a parte, exceto no centro. Ali, no espaço livre, homens debulhavam os diferentes tipos de grãos, e depois os trituravam, transformando-os em fino pó. De um lado, mulheres se sentavam no chão, tendo à frente vasilhames de pedra em que trituravam a parte melhor do trigo, transformando-o no mais fino pó possível.

Observando-as por um pouco, Grande-Medrosa viu os grãos serem primeiramente feitos em pedaços, e depois triturados até o ponto de se transformarem no melhor pão de trigo.

— Veja — disse o Pastor gentilmente — como variam os métodos de moer as diversas variedades de grãos, de acordo com seu uso e propósito — E então disse: "Não se trilha o endro com instrumento de trilhar, nem sobre o cominho passa roda de carro; com uma vara se sacode o endro e o cominho com um pau. O trigo deve ser moído para se fazer pão, mas não é trilhado continuamente. Embora passe sobre eles as rodas do seu carro, não o moem os seus cavalos" (Isaías 28.27,28).

Enquanto Grande-Medrosa observava as mulheres sovarem o pão de milho com suas pesadas pedras, ela notou como era demorado o processo de preparo antes que a farinha fina e branca pudesse ser usada. Então ela ouviu o Pastor dizer:

"Eu trago meu povo para o Egito para que eles também possam ser trilhados e moídos no mais fino pó e possam tornar-se fubá de pão para o uso de outros. Mas lembre-se, embora o fubá de pão seja trilhado, ninguém o trilha para sempre; só até que o grão moído e quebrado esteja pronto para seu mais elevado uso. Isto também procede do Senhor dos Exércitos; ele é maravilhoso em conselho e grande em sabedoria" (v. 29).

Mais tarde o Pastor levou-a de volta à sala central e subiram a escada para a escuridão do alto. No pavimento seguinte, entraram num quartinho menor, em cujo centro havia uma grande roda achatada como uma mesa. Ao lado dela estava o oleiro trabalhando. Ao girar a roda, ele transformava o barro em muitos objetos diferentes. O material, cortado e moldado, tomava a forma requerida, mas o barro sempre permanecia sobre a roda, submetendo-se ao toque das mãos do oleiro, inteiramente sem resistência. Enquanto observavam, o Pastor disse:

"No Egito, também, eu modelo meus mais formosos e belos vasos e produzo instrumentos para meu trabalho, segundo bem me parecer" (Jeremias 18). Depois sorriu e acrescentou: "Não posso eu fazer com você como este oleiro? Eis que, como o barro na mão do oleiro, assim sois vós na minha mão" (Jeremias 18.6).

Por último ele a levou ao andar superior. Lá encontraram uma sala com um fogareiro onde o ouro em derretido e refinado de toda a sua impureza. Também no fogareiro havia rústicos pedaços de pedra e rocha que continham cristais. Essas pedras eram colocadas no forno bem aquecido e ali deixadas por algum tempo. Ao serem retiradas, creiam, haviam sido transformadas em ricas joias, cintilantes, como se tivessem recebido o fogo no profundo de seus corações. Enquanto Grande-Medrosa permanecia ao lado do Pastor, olhando extasiada para o fogo, ele disse a coisa mais linda de todas:

"Ó oprimida, arrojada com a tormenta e desconsolada! Eu te construirei com pedras de turquesa, e te fundarei sobre safiras. Farei os teus baluartes de rubis, as tuas portas de brilhantes e todos os teus muros de pedras preciosas" (Isaías 54.11,12). Depois acrescentou: "Minhas mais raras e escolhidas joias e o meu mais fino ouro são aqueles que foram refinados na fornalha do Egito." E ele cantou uma estrofe de uma pequena canção:

As mãos porei sobre teu coração
E toda a impureza levada será.
Em minha fornalha te refinarei,
Traspassadas as mãos, na cruz de salvei.

Eles permaneceram nas cabanas do deserto alguns dias, e Grande-Medrosa aprendeu muitas coisas, as quais nunca antes ouvira.

Uma coisa, especialmente, causou-lhe profunda impressão. Em todo aquele grande deserto não crescia nada verde, nem uma árvore ou flor, nenhuma planta, a não ser alguns cactos esparsos.

Na última manhã, ela andava perto das tendas e cabanas dos habitantes do deserto, quando, num canto solitário, atrás de um muro, encontrou linda flor amarela, cor de ouro, desabrochando inteiramente só. Percebeu um velho tubo ligado a um tanque de água, de cujo tubo, através de pequeno orifício, caía de quando em quando uma gota d'água. No lugar em que a gotícula caía uma a uma, brotou a linda flor dourada, apesar de Grande-Medrosa não entender de onde a semente teria vindo, pois lá não havia pássaros nem outros seres vivos.

Ela parou ao lado da flor solitária e bela, ergueu-a esperançosa e com cuidado de debaixo da gota d'água, exclamando com ternura: "Qual é o seu nome, pequenina flor? Nunca vi antes uma igual a você!"

A delicada flor respondeu em um tom tão dourado quanto ela própria: "Creia-me! Meu nome é Aceitação com Alegria."

Grande-Medrosa pensou em todas as coisas que havia visto na pirâmide: a tritura dos grãos, a roda do oleiro e o fogareiro fumegante. De algum modo a resposta da florzinha dourada que crescia sozinha na imensidão do deserto, tocou seu coração e nele ecoou suavemente, confortando-a sobremaneira. Ela disse a si mesma: "Ele me trouxe aqui, contra a minha vontade, para o seu próprio propósito. Eu, também, olharei a sua face e direi: 'Creia-me! Eu sou a tua pequena serva Aceitação com Alegria.' ". Ao dizer estas palavras, curvou-se, apanhou uma pedra que estava ao lado da flor e colocou-a na mochila, junto à pedra do primeiro altar.

Capítulo 7

NAS PRAIAS DA SOLIDÃO

Depois de terem percorrido juntos as areias ardentes do deserto, um dia, sem que esperassem, depararam-se com outro caminho.

— Este — disse o Pastor suavemente — é o caminho que devem seguir agora.

Assim seguiram em direção oeste, tendo os Lugares Altos bem às suas costas, e chegaram em pouco tempo ao fim do deserto, à praia de um grande mar.

— É hora de nos separarmos, Grande-Medrosa — disse ele. — Devo voltar às montanhas. Lembre-se disto: mesmo que lhe pareça estar muito distante, muito longe de mim e dos Lugares Altos, não há distância alguma que nos separe. Posso atravessar as areias do deserto tão rápido quanto saltar dos Lugares Altos para os vales. Tão logo me chame, virei. Deixo-lhe esta palavra. Creia nela e pratique-a com alegria. Meu rebanho ouve a minha voz e me segue.

— Enquanto obedecer-me, Grande-Medrosa, e seguir o caminho que eu escolher para você será capaz de ouvir e reconhecer a minha voz. Quando a ouvir, deve obedecer a ela. Lembre-se: será sempre suave obedecer à minha voz, mesmo que pareça levá-la a caminhos a seu ver impossíveis ou mesmo tolos.

Após dizer estas palavras, ele a abençoou e partiu aos saltos pelo deserto, em direção aos Lugares Altos agora bem atrás dela. Grande-Medrosa e suas duas companheiras andaram pelas praias do grande mar durante muitos dias, e a princípio parecia-lhe que nunca antes conhecera a verdadeira solidão.

O verde vale onde vivera com todos os seus amigos estava atrás, bem longe. Até as montanhas estavam fora do alcance de sua vista. Era como se nada houvesse naquela imensidão, a não ser o deserto sem fim de um lado e o mar imenso do outro. Nada crescia ali, nem árvore, nem arbusto, nem mesmo relva. Nas praias, pedaços de madeira trazidos pela água se espalhavam misturados com algas marinhas. Com exceção das gaivotas volteando e gritando no alto, e dos caranguejos procurando suas habitações na areia, ninguém mais vivia naquela região. A intervalos, assobiava um vento gelado por entre os vagalhões, que cortava, como se fosse a lâmina de uma faca.

Naqueles dias Grande-Medrosa, de mãos dadas com suas duas companheiras, sentia maravilhada o apoio delas. Era estranha, talvez, a maneira como ela andava: leve, o corpo reto, quase sem manquejar. Algo, durante a caminhada pelo deserto, a havia marcado de maneira profunda para o resto da vida. Tratava-se de secreta marca interior, que ninguém sabia, pois nenhuma diferença externa havia. Entretanto, ocorrera profunda transformação íntima, indicando o começo de novo estágio em sua vida.

No Egito, ela havia visto as pedras de triturar, a roda do oleiro, o fogareiro fumegante, e sabia que tudo aquilo simbolizava experiências pelas quais ela própria teria de passar. De algum modo, por mais incrível que pudesse parecer, Grande-Medrosa havia sido capacitada a aceitar o conhecimento de tudo isso e a aquiescência de tudo. Sabia, no íntimo, que, com essa aceitação, um abismo abrira-se entre sua vida passada e sua vida presente, entre o seu ego presente e o ego passado; abismo que nunca mais poderia ser fechado.

Ao olhar para o passado através desse abismo, ela contemplava o verde vale entre as montanhas e sentia-se lá com os servos do Pastor, alimentando seu pequeno rebanho, curvando-se diante dos seus parentes e indo ao lago de manhã e de tarde a fim de se encontrar com o Pastor. Mas ao olhar para aquela figura distante, ela dizia: "Eu era essa mulher, mas hoje sou outra pessoa."

Grande-Medrosa não entendia como essa mudança ocorrera, mas sabia que se cumpriam nela as palavras do Pastor, pois os que chegam ao fogareiro fumegante do Egito e encontram lá a Flor da Aceitação, são transformados e recebem o selo da realeza. Grande-Medrosa, na verdade, não se sentia totalmente nobre, e por certo nem mesmo trazia essa aparência. Não importava. Ela havia sido marcada com o selo, e nunca mais seria a mesma pessoa de antes.

Entretanto, embora dia após dia caminhasse com Tristeza e Sofrimento ao longo das praias do grande mar da Solidão, não andava mais encolhida de medo. Por certo, de forma gradual algo impossível parecia acontecer-lhe. Novo tipo de alegria invadia seu coração, e ela começou a notar belezas na paisagem, das quais até então estivem inconsciente.

Seu coração vibrava em êxtase diante do brilho do sol nas asas das gaivotas que pairavam sobre as ondas no mar, que produziam espumas tão brancas como os picos nevados dos longínquos Lugares Altos. Até os, murmúrios do mar, que antes lhe causavam sensação de tristeza, tomaram-se estranhamente belos. Ela sentia, de algum modo, que nos lugares mais distantes, talvez mesmo em tempos idos, encontrava-se o significado de toda a tristeza, e uma resposta alegre e maravilhosa demais para ser compreendida.

Muitas vezes ela se surpreendia rindo alto, ao observar as cambalhotas dos engraçados caranguejinhos. Quando o sol brilhava forte, como o fazia às vezes, até o cinzento mar transformar-se em algo de rara beleza, com a luz cintilando na espuma branca e no horizonte tão azul como um céu de meia-noite. Era como se o brilho do sol na imensidão das águas varresse todas as tristezas e em seu lugar espalhasse alegria. Nessas ocasiões Grande-Medrosa sussurrava consigo mesma: "Quando ele me tiver provado, eu me transformarei em ouro. O choro pode durar uma noite, mas a alegria virá pela manhã."

Um dia chegaram a um ponto da praia em que havia rochas e altos penhascos. Nesse lugar elas repousariam. Grande-Medrosa, depois de vagar pela praia, subiu a um penhasco e viu, embaixo, pequena e erma enseada cercada de rochas. Nada havia ali a não ser pedaços de madeira e emaranhados de algas. Sua primeira sensação foi de vazio. Aquela enseada era como o coração vazio, à espera ansiosa da distante maré que, talvez, jamais retornasse.

Quando, porém, horas mais tarde, Grande-Medrosa voltou à solitária enseada, pesando no mesmo lugar de antes, tudo havia mudado. As ondas agora se rebentavam com a força da maré alta. Da beira do penhasco ela viu que a enseada, antes tão vazia, estava agora cheia até à borda. Grandes ondas, bramindo e gargalhando, invadiam a estreita enseada e batiam nos lados, apossando-se de todos os lugares vazios, nichos e fendas.

Ao ver essa transformação, ela se ajoelhou ao lado do penhasco e edificou seu terceiro altar. "Oh, meu Senhor", orou, "eu te agradeço por me haveres trazido aqui. Cá estou eu, vazia como estava aquela pequena enseada, mas esperando o momento em que me encherás com as ondas do Amor." Então apanhou pequeno pedaço de cristal de rocha e o guardou na mochila com as outras pedras memoriais.

Pouco tempo depois de ela haver construído aquele último altar, os inimigos surgiram de novo. Lá ao longe, no vale da Humilhação, os parentes esperavam Orgulho com sua vítima. Como o tempo passasse sem que ninguém aparecesse, o fracasso da missão parecia óbvio, mas esse fracasso o seu orgulho não podia admitir. Por isso, o mais rápido possível enviariam reforços antes que Grande-Medrosa alcançasse os Lugares Altos e estivesse, em companhia do Pastor, para sempre fora do alcance deles.

Antes, porém, seguiam alguns espiões, que encontraram Orgulho e levaram de volta a notícia de que Grande-Medrosa não estava agora nas montanhas, mas longe, nas praias do mar da Solidão, na direção contrária aos Lugares Altos. Essa notícia, além de surpreendente, soou-lhes de maneira maravilhosa e encorajadora. Logo providenciaram o melhor reforço e o enviaram em auxílio de Orgulho. Houve unanimidade na escolha de Ressentimento, Amargura e Autopiedade. Estes, juntos, se apressariam e tentariam trazer Grande-Medrosa de volta à família.

Lá foram eles rumo às praias da Solidão, onde Grande-Medrosa teria de suportar assaltos reais e terríveis. Mas os inimigos depressa descobriam que a jovem com quem tinham de tratar já não era mais a mesma Grande-Medrosa. Logo de início perceberam que não podiam aproximar-se dela facilmente, pois estava sempre acompanhada de perto por Tristeza e Sofrimento, cuja assistência ela aceitava com muito maior boa vontade do que antes. Esses inimigos, entretanto, surgiam, um de cada vez, gritando horríveis sugestões, parecendo a Grande-Medrosa que, para qualquer lado que se virasse, uma das figuras, mostrando-se, a atormentava. (Havia muitos lugares entre as rochas onde eles podiam esconder-se e de onde atiravam seus dardos venenosos conta ela.)

— Não lhe disse? — gritava Orgulho maldosamente.

— Onde está você agora, pequena tola? Lá nos Lugares Altos, por acaso? Não mais! Sabe que no vale da Humilhação todos estão a par de sua vida e fazem chacota de você? Buscando o desejo de seu coração, hein? e abandonada nas praias da Solidão! Não a avisei? Por que não me dá ouvidos, pequena sonsa?

Então Ressentimento apontou a cabeça nas fendas de uma rocha. Ele era extremamente feio, mas sua feiura era ao mesmo tempo horrível e fascinante! Às vezes Grande-Medrosa ficava como que hipnotizada pelo olhar dele, quando a fitava e gritava:

— Você sabe, Grande-Medrosa, que a sua atitude é a de uma cega e idiota. Quem é esse Pastor, afinal, a quem diz seguir? Que tipo de pessoa é ele, que requer tudo de você e aceita tudo o que lhe oferece sem nada devolver-lhe, a não ser sofrimento, tristeza, escárnio e vergonha? Por que lhe permite tratá-la assim? Levante-se e exija dele o cumprimento da promessa de levá-la aos Lugares Altos. Se ele não o fizer, diga-lhe que a considere livre do compromisso de segui-lo.

Amargura, por sua vez, entrava com sua voz insinuante:

— Quanto mais ceder a ele, mais exigirá ele de você. Ele é cruel e tira vantagens da dedicação de seus servos. Tudo o que exigiu no passado é nada diante do que exigirá no futuro, caso persista em segui-lo. Ele permite que seus seguidores, sim, até mesmo mulheres e crianças, sofram nos campos de concentração e câmaras de tortura, e tenham outros tantos tipos de morte. Pode você suportar tudo isso, você, pequena queixosa? Então é melhor cair fora e deixá-lo antes que ele exija o maior de todos os sacrifícios. Cedo ou tarde você será crucificada e abandonada.

Autopiedade foi o próximo a surgir e de modo tão terrível que parecia o pior de todos. Ele falava mansinho e num tom de tanta piedade que Grande-Medrosa começou a enfraquecer-se.

— Pobre pequenina Grande-Medrosa — sussurrava ele. — Isto é terrível, você sabe. Como você lhe é de votada! E o que recebe em troca? Nada, absolutamente nada. Ele é cruel tratando-a dessa maneira. Acredita, diante do modo como ele age e a trata, que realmente ele a ama e a guarda no seu coração? Pode isso ser possível?

— Você tem todo o direito de sentir-se triste — prosseguiu Autopiedade. — Mesmo pronta a sofrer por amor a ele, outras pessoas deveriam saber disso, apiedarem-se de você e não tratá-la com incompreensão e zombaria, como em verdade acontece. Aquele a quem você segue se regozija em fazê-la sofrer e deixá-la numa situação de incompreendida, pois cada vez que se rende a ele, ele descobre novo modo de magoá-la e esmiuçá-la.

Esta última advertência de Autopiedade foi falha, pois a palavra "esmiuçar" de repente lembrou à Grande-Medrosa o que o Pastor lhe havia dito na Pirâmide, no pavimento onde havia grãos. "Acaso é esmiuçado o cereal? Não; o lavrador nem sempre o está debulhando, nem sempre está fazendo passar por cima dele a roda do seu carro e os seus cavalos. Também isto procede do Senhor dos Exércitos; ele é maravilhoso em conselho e grande em sabedoria" (Isaías 28.28,29).

Ao pensar nisso, para espanto de Autopiedade, Grande-Medrosa apanhou rapidamente um pedaço de rocha e atirou-o contra ele. Mais tarde ele disse aos outros três num tom magoado: "Se eu não me tivesse desviado e saltado como lebre, a pedra poderia ter-me derrubado, aquela pequena megera!"

Mas é exaustivo ser assaltada dia após dia com sugestões como essas! Enquanto Tristeza e Sofrimento lhe seguravam as mãos, Grande-Medrosa, impossibilitada de tapar os ouvidos, tinha de ouvir os ataques dos inimigos.

Ela vivia momentos terríveis! Afinal, as coisas chegaram a um ponto cruciante.

Um dia, enquanto suas companheiras repousavam por alguns momentos, Grande-Medrosa saiu a andar sozinha, despreocupada, mas não em direção da pequena enseada. Chegou a um lugar onde os penhascos, projetados para o mar, formavam estreita península, que terminava num escarpado precipício.

Ao alcançar o final desse promontório, Grande-Medrosa parou e pousou o olhar naquela grande extensão de mar. De repente, horrorizada, percebeu os quatro inimigos aproximando-se, já quase ao seu lado. Que se tornara diferente notava-se pela maneira como se preparou para defender-se. Embora pálida e assustada, em vez de quase desmaiar de medo à aproximação deles, ela tomou uma pedra em cada mão, colocou-as atrás de si e, tendo à retaguarda uma rocha, enfrentou-os de acordo com o limite de suas forças. Felizmente o lugar, muito estreito, não permitia a aproximação dos quatro juntos. Orgulho colocou-se à frente dos amigos e caminhou na direção dela erguendo forte cacete.

— Pode largar essas pedras, Grande-Medrosa — disse selvagemente. — Somos quatro e lhe faremos o que quisermos. Já que está em nosso poder, não só vai nos ouvir como também voltará conosco.

Grande-Medrosa ergueu o rosto ao céu aparentemente vazio e gritou com todas as forças:

— Vem sem demora me libertar, ó meu Senhor! Para horror dos quatro rufiões, o próprio Pastor surgiu mais ameaçador do que nunca, saltando na direção deles ao longo do estreito promontório. Ressentimento, Amargura e Autopiedade atiraram-se ao chão, enquanto O Pastor se aproximava de Orgulho, que tentava segurar Grande-Medrosa. Agarrando-o pelos ombros, o Pastor rodopiou-o no ar e o atirou à borda do penhasco, de onde com um grito surdo ele caiu no mar.

— Oh, Pastor! — gaguejou Grande-Medrosa ainda trêmula de alívio e esperança. — Obrigada! Achas que Orgulho está finalmente morto?

— Não, não é provável — disse o Pastor. Enquanto falava, ele olhou por cima do penhasco e percebeu Orgulho nadando como peixe em direção à praia. Então acrescentou: — Lá vai ele, mas a derrota que sofreu hoje ficará para sempre na sua memória. Poderá voltar, mas levará muito tempo. Quanto aos outros três, eles se esconderam em algum lugar, e posso afirmar que não a perturbarão mais como o fizeram hoje, pois sabem que estarei alerta ao seu primeiro chamado.

— Pastor, por que quase caí nas garras do Orgulho outra vez, e por que Ressentimento, Amargura e Autopiedade têm esse poder de perturbar-me de modo tão terrível? Não te chamei antes porque eles nunca ousaram se aproximar de mim ou dirigir-me um ataque real. Eles ficavam ao meu redor fazendo horríveis sugestões e provocações, e eu não conseguia fugir deles. Por que tinha de ser assim, Pastor?

— Penso — disse o Pastor gentilmente — que, como nesses últimos dias o caminho ficou mais fácil e havia sol, também você veio a um lugar de descanso. Esqueceu-se, porém, de que era minha pequena serva Aceitação com Alegria, e começou a sentir que já era tempo de eu guiá-la de volta às montanhas e aos Lugares Altos. Cada vez que você usa a planta da impaciência em seu coração no lugar da flor da Aceitação com Alegria, tende a encontrar os inimigos ganhando vantagem.

Grande-Medrosa assentiu, convicta de quão correto era ele em seu diagnóstico. Teria sido mais fácil aceitar o caminho difícil e ser paciente quando o mar estava cinzento e revolto do que agora, sob o sol brilhante, quando tudo ao redor parecia sorrir. Ela segurou a mão do Pastor e disse, triste:

— Tens razão. Eu vinha pensando que me havias permitido seguir este caminho por tempo demasiado e que te havias esquecido da promessa. Depois acrescentou, olhando atenta o rosto dele: — Mas eu te digo agora, de todo o meu coração, que és meu Pastor, cuja voz adoro ouvir e obedecer, e que é uma alegria seguir-te. Fala meu Senhor, e eu obedecerei.

O Pastor curvou-se, apanhou uma pedra ao lado de Grande--Medrosa, deu-a a ela, e disse sorrindo:

— Coloque isto em sua mochila junto às outras pedras como memorial deste dia em que você viu a derrota de Orgulho, e de sua promessa de que esperará pacientemente até que eu cumpra o desejo do seu coração.

Capítulo 8

NA VELHA PAREDE
DO MAR

Poucos dias depois da vitória sobre Orgulho, Grande-Medrosa e suas companheiras continuaram a jornada ao longo da praia do Grande Mar. Certa manhã o caminho inesperadamente fez uma volta e elas se encontraram de novo diante do deserto, na direção das montanhas, apesar de estas estarem quase invisíveis de tão distantes. Com frêmito de indescritível alegria, Grande-Medrosa viu que afinal o caminho seguia na direção leste, e que por certo as guiaria de volta aos Lugares Altos.

Ela soltou as mãos das companheiras a fim de bater palmas e dar saltos de alegria! Não importava a distância que as separava das montanhas; o importante é que agora seguiam na direção certa. Começaram então a volta pelo deserto. Grande-Medrosa não conseguia conter a emoção, nem esperar pelas companheiras. Ela corria na frente como se nunca tivesse sido aleijada!

De repente, outra volta e o caminho surgiu reto diante delas, a perder de vista. E o pior de tudo, não ia mais na direção das montanhas, mas do sul, onde bem ao longe o deserto parecia terminar numas colinas. Grande-Medrosa, paralisada e muda com o terrível choque, começou a tremer toda. Não, não era possível. Não podia ser.

Estaria o Pastor outra vez dizendo-lhe "não" e indicando justamente o caminho oposto aos Lugares Altos?!

"Esperança adiada torna o coração doente", dizia antigo sábio, e como expressava ele a verdade! Quando ela começou a bater palmas e a saltar à vista das montanhas, estava tão entusiasmada que correu adiante, deixando atrás as companheiras. Estas, ao alcançá-la, encontraram-na parada no lugar em que o caminho as obrigava a caminhar em sentido contrário às montanhas.

Logo ali, atrás de uma duna de areia, surgiu o vulto do seu inimigo Amargura. Ele não se achegou muito, pois aprendera um pouco sobre prudência e não queria dar à Grande-Medrosa a oportunidade de chamar pelo Pastor. Olhando-a de longe, Amargura ria a gargalhada mais amarga que Grande-Medrosa jamais ouvira antes. Depois ele gritou com todo o veneno de uma víbora:

— Por que não ri comigo, pequena tola? Você sabia que isso ia acontecer! — e continuou com suas terríveis gargalhadas ecoando no ar como se tudo, até o deserto, participasse de sua zombaria. Tristeza e sua irmã alcançaram Grande-Medrosa e se postaram ao lado dela em silêncio. Por algum tempo tudo parecia mergulhado em dor e "em horror de grande escuridão". Repentino vento começou a soprar do deserto, formando nuvens de pó que quase as cegaram.

No silêncio que seguiu o temporal, Grande-Medrosa ouviu sua própria voz, baixa e trêmula, mas distinta: "Meu Senhor, o que me queres dizer? Fala, pois, que a tua serva ouve." No momento seguinte o Pastor estava de pé ao seu lado:

— Tenha bom ânimo — disse ele — sou eu; não tenha medo. Construa-me outro altar e deposite nele a sua vontade completa como sacrifício.

Solicitamente ela fez um montículo de areia e pedras, a única coisa que podia encontrar no deserto, e ali se rendeu de novo, depositando toda a sua vontade, e dizendo com lágrimas (pois Tristeza havia-se ajoelhado ao lado dela):

— Eu me alegro em fazer a tua vontade, ó meu Deus! Vindo de algum lugar desconhecido, um jato de chamas consumiu a oferta, deixando apenas um amontoado de cinzas no altar. Então ouviu-se a voz do Pastor:

— Esta espera não é para a morte, mas para a glória de Deus, para que o Filho de Deus seja glorificado. Outra rajada de vento espalhou as cinzas em todas as direções, deixando no altar apenas uma pedra rústica de aspecto comum, que Grande-Medrosa apanhou e colocou na mochila, junto às outras. No mesmo instante ela se levantou, deram as costas às montanhas e caminharam para o sul. O Pastor acompanhou-as por algum tempo, de modo que Ressentimento e Autopiedade que esperavam o momento de atacar, tiveram de se esconder a fim de não serem vistos pelo menos por ora.

As caminhantes chegaram a um lugar onde o mar, que havia ficado para trás na primeira curva, penetrava o deserto, formando grande estuário. Invadido por forte onda, o estuário encheu-se rapidamente de água. Entretanto, havia uma passagem de pedra com muitos arcos através do estuário, e uma rampa de terra dava acesso à passagem. O Pastor guiou Grande-Medrosa ao pé da rampa e lhe disse que seguisse o caminho que atravessava o estuário. Uma vez mais ele repetiu com ênfase suas próprias palavras pronunciadas ao pé do altar, e então partiu.

Grande-Medrosa e as companheiras subiram a rampa e se encontraram no topo da parede do Grande Mar. Da altura onde estavam podiam ver o deserto atrás. De um lado estava o mar; do outro, meio encoberto pela distância e por um nevoeiro, podiam-se perceber traços de montanhas. Seria apenas a força do pensamento, ou o desejo de que aquilo fosse verdade?

A passagem de arcos levou-as a um lugar diferente, a uma terra com áreas verdes, chalés, montanhas, vales, fazendas, pomares e campos. O sol cintilava, e do alto da passagem elas podiam sentir a inteira força do vento a movimentar as ondas que passavam uma após outra. Tudo isso trazia à lembrança de Grande-Medrosa uma matilha guiada por caçadores, saltando, correndo, ganindo pelas estradas e surgindo às bordas do estuário.

De algum modo, o sibilar do vento e a fúria das águas pareciam penetrar em seu sangue e correr através de seu ser como glorioso vinho da vida. O vento batia em seu rosto, esvoaçava seus cabelos e roupas, e quase a carregava; mas apesar de o vento levar sua voz para longe, ela cantava:

"Então triunfarei sobre os meus inimigos que estão ao redor de mim; pelo que oferecerei sacrifício de júbilo no seu tabernáculo; cantarei, sim, cantarei louvores ao Senhor" (Salmos 27.6).

Enquanto cantava, pensava: "Deve ser realmente terrível e frustrante ser inimigo do Pastor, sempre, sempre com a presa fora do seu alcance. Deve ser simplesmente enlouquecedor para esses inimigos verem até a mais tolinha e fraca sendo colocada nos Lugares Altos e de forma triunfante sobre todos os seus inimigos! Deve ser intolerável!"

Enquanto ainda na passagem, ela apanhara outra pedra de acordo com as instruções do Pastor, desta vez como memorial de sua vitória sobre os inimigos, e a colocara em sua mochila com as outras. Assim fizeram a passagem sobre o estuário e desceram a rampa do outro lado, à beira de uma floresta.

A mudança de cenário, depois da longa jornada pelo deserto, foi maravilhosa! A ansiosa espera pela primavera fazia com que perdessem as belezas dos últimos vestígios do final do inverno. As árvores brotavam em seu mais lindo verde e os brotos recendiam perfume. Entre as árvores havia atalhos e clareiras onde cresciam campânulas, anêmonas silvestres, violetas e prímulas em moitas ao longo dos barrancos musgosos. As aves cantavam, e com seus trinados chamavam-se umas às outras, atarefadas e absortas na construção dos ninhos.

Grande-Medrosa percebeu que nunca antes imaginara o que a ressurreição da morte do inverno significava. Talvez tivesse sido necessária a aridez do deserto para abrir-lhe os olhos a toda essa beleza, mas ela, embevecida, olhava a floresta, quase esquecida de que Tristeza e Sofrimento estavam com ela.

Para qualquer lugar que olhassem era como se o verde das árvores, os ninhos das aves, os esquilos saltitantes e as flores em seu desabrochar, tudo dissesse a mesma coisa: saudavam-se mutuamente em sua linguagem especial numa espécie de êxtase, dizendo: "Você vê, o inverno finalmente se foi. A demora, a espero não foi para a morte, mas para a glória de Deus. Nunca houve primavera tão primorosa quanto esta!"

Grande-Medrosa também estava consciente de uma sensação deslumbrante em seu próprio coração, como se lá também brotasse vida nova. Era uma sensação indefinida, um misto de dor e doçura. Qual seria a predominância? Ela não sabia. Temerosa e ao mesmo tempo ansiosa, olhou para dentro de si mesma, ao lembrar-se da semente do Amor plantada em seu coração. Desejava encontrar alguma raiz ou broto. Viu então um tufo de folhas e, na extremidade do caule, uma protuberância que bem poderia ser um botão.

Enquanto Grande-Medrosa olhava para dentro de si, uma dorzinha fina atravessou-lhe o coração, fazendo-a recordar as palavras do Pastor, segundo as quais, quando a planta do Amor chegasse ao ponto de florescer, ela, Grande-Medrosa, seria correspondida no amor e receberia novo nome lá nos Lugares Altos. Mas aqui, distante dos Lugares Altos, na realidade ela estava mais longe do que nunca de chegar lá. Como poderia realizar-se a promessa do Pastor? Com esse pensamento, lágrimas rolaram-lhe pela face.

Antes de supor que Grande-Medrosa fosse muito propensa a chorar, é bom lembrar que Tristeza era sua companheira e professora. Mas suas lágrimas eram todas vertidas em segredo, pois ninguém, exceto os seus inimigos, tinha conhecimento da estranha jornada a que se havia proposto. O coração conhece sua própria tristeza, e há ocasiões em que, como Davi, é confortante lembrarmos que nenhuma de nossas lágrimas, colocadas num frasco, será esquecida por aquele que nos guia nos caminhos da tristeza.

As lágrimas, porém, não duraram muito tempo, pois algo distraiu a atenção de Grande-Medrosa. Baixando os olhos, ela viu um lampejo de ouro. Aproximando mais o olhar, reconheceu nada menos que uma réplica exata da linda flor de ouro que vira crescendo perto das pirâmides, no deserto. De algum modo ela devia ter sido transplantada; e, por certo, estaria crescendo também em seu próprio coração. Grande-Medrosa gritou de alegria, e a delicada florzinha de ouro curvou-se e disse em voz dourada:

— Olhe para mim; aqui estou, "Aceitação-com-Alegria", crescendo em seu coração.

Grande-Medrosa sorriu e respondeu:

— Oh, sim, naturalmente; eu estava-me esquecendo — e ajoelhou-se ali na entrada da floresta, juntou uma pilha de pedras e colocou algumas achas sobre ela. Como se pode perceber, altares são construídos com material que temos à mão no momento. Então hesitou. Que depositaria ela sobre o altar desta vez? Olhou para dentro de si e viu a delicada protuberância na planta do Amor, a qual poderia no mesmo instante ser uma flor. Em seguida, curvando-se, colocou o coração sobre o altar e acompanhou este ato com estas palavras: "Eis-me aqui, tua pequenina serva Aceitação-com-Alegria; tudo o que está em meu coração é teu."

Desta vez, apesar de surgir uma chama e queimar a lenha, o botãozinho dourado continuou ainda no caule da planta. Talvez, pensou Grande-Medrosa, isto tenha acontecido por ser ela muito pequena para se oferecer. Mas nunca sensação tão gloriosa havia-se apossado dela. Era como se uma fagulha da chama houvesse penetrado em seu coração e lá estivesse brilhando, enchendo-o de calor e luz. No altar, sobre as cinzas, havia outra pedra que deveria ser colocada na mochila com as demais. Assim já havia, agora, seis pedras memoriais guardadas e carregadas com carinho. De repente ela exclamou de alegria. Quem estava ali, em pé, esperando por elas, em o Pastor em pessoa! Ela correu para ele como se tivesse asas nos pés.

— Oh, bem-vindo! bem-vindo! mil vezes bem-vindo! — gritou Grande-Medrosa trêmula de alegria. — Temo que não haja ainda muita coisa no jardim do meu coração, Pastor, mas tudo o que ali houver é teu para realizares a tua vontade.

— Vim trazer-lhe uma mensagem — disse o Pastor. — Esteja preparada, Grande-Medrosa, para algo novo. Esta é a mensagem: "Agora verás o que hei de fazer" (Êxodo 6.1).

Um colorido roseou-lhe as faces, e um frêmito de alegria perpassou-lhe todo o ser, pois lembrou-se da planta em seu coração e da promessa de que, quando essa planta estivesse pronta para florescer, Grande-Medrosa estaria nos Lugares Altos, prestes a entrar no Reino do Amor.

— Oh, Pastor! — exclamou ela, ofegante diante desse pensamento. — Achas que eu, na realidade, chegarei aos Lugares Altos? Achas realmente, afinal?

Ela percebeu que ele assentia, porém sem responder de viva voz. Ficou a olhá-la com uma expressão que ela não entendeu.

— Pensas isto mesmo? — insistiu ela, tomando-lhe a mão e olhando-o com alegria quase incontrolável. — Achas que em breve me levarás aos Lugares Altos? Desta vez ele respondeu:

— Sim! — e acrescentou com um estranho sorriso: — Agora você verá o que eu farei.

~ Capítulo 9 ~

O GRANDE DESFILADEIRO INJÚRIA

Depois disso, por algum tempo ao andar através de campos, pomares e colinas da região em que haviam entrado, Grande-Medrosa conservou um cântico em seu coração. Por causa da esperança que saltava em seu coração, de que assim que alcançasse os Lugares Altos dispensaria suas companheiras, ela quase não percebia a presença de Tristeza e Sofrimento. Embora caminhassem na direção sul, serpeando entre colinas e vales silenciosos, ela guardava no íntimo a promessa do Pastor de que muito breve a guiaria de volta às montanhas ao leste e ao lugar que seu coração tanto desejava.

Depois de algum tempo o caminho começou a subir em direção aos montes, e um dia alcançaram, de repente, o topo da montanha mais alta. Ao nascer do sol, viram-se num grande planalto. Olharam ao leste, na direção do dourado nascente, e Grande-Medrosa gritou de alegria e gratidão. Lá, não muito distante, no lado mais afastado do planalto, estavam as verdadeiras montanhas dos Lugares Altos, coroadas com torres e pináculos, de onde se via o mais lindo vermelho-rosa e dourado da aurora. Nunca antes pensara em ver coisa tão bela!

Enquanto o sol subia e o cintilar das cores morria no firmamento, ela viu os picos mais altos cobertos de neve, de uma neve tão branca e brilhante que seus olhos se ofuscaram com a glória deles! Ela, na verdade, estava olhando para os Lugares Altos! Melhor do que tudo, o caminho que seguiam tomou o rumo leste, o rumo das próprias montanhas!

Grande-Medrosa ajoelhou-se no alto da montanha, curvou a cabeça e adorou por alguns momentos. Parecia-lhe, naquele instante, que toda dor, adiamentos, tristezas e problemas da longa jornada já percorrida nada eram em comparação com a glória a brilhar diante dela. Era como se até suas companheiras sorrissem, participando dessa alegria. Depois dos momentos de adoração e louvor, as três juntas iniciaram a travessia do planalto. Era admirável a rapidez com que andavam, pois o caminho em plano e relativamente suave. Sem perceberem, encontraram-se de repente perto das montanhas, rodeadas de muralhas de pedra, no meio de aclives e penedos.

Ao se aproximarem, Grande-Medrosa não conseguiu evitar o choque ao perceber o quão escarpado se tornava o caminho dali em diante. Quanto mais se aproximavam das montanhas, mais as muralhas pareciam impenetráveis. Mas ela disse consigo mesma que, naturalmente, ao se aproximarem mais do ponto crucial, encontrariam alguma garganta ou vale que lhes permitiria passagem. Por outro lado, ela não se importaria se o caminho se tornasse escabroso e difícil, contanto que se dirigisse aos Lugares Altos. Mas o caminho morreu de repente ao pé de um intransponível desfiladeiro.

Grande-Medrosa parou, extática. Quanto mais olhava, mais horrorizada ficava. Então começou a tremer, a tremer toda, pois a cadeia de montanhas pela frente estava rodeada à esquerda e à direita de inquebráveis muralhas rochosas, tão altas que, ao erguer a cabeça e tentar ver o topo, sentia vertigem. As pedras bloqueavam completamente a passagem. Não havia sinal de trilha em nenhuma outra direção, e nenhum meio de transpor a terrível muralha. Deviam recuar.

Justamente quando essa sugestão lhe ocorreu, Sofrimento tomou-lhe a mão e apontou para as muralhas. Um cervo e uma corça apareceram entre as pedras e começaram a subir o desfiladeiro.

Enquanto as três observavam, Grande-Medrosa tomou-se de susto e quase desfaleceu à vista do cervo que ia à frente, seguindo pela beirada estreita e escarpada, por entre os rochedos. Em alguns lugares eles seguiam bem à beira do precipício, e em outros por caminhos cheios de obstáculos. Em certos lugares a trilha terminava abruptamente.

Grande-Medrosa percebeu que o cervo saltava os obstáculos e ia em frente, sempre seguido de perto pela corça que colocava os pés exatamente nos rastos do cervo e saltava atrás dele lépida e segura, sem revelar nenhum medo. Assim os dois saltavam e corriam com perfeita segurança e graça pelo desfiladeiro. Afinal desapareceram de vista lá no alto.

Grande-Medrosa cobriu o rosto com as mãos e sentou-se numa rocha, sentindo no coração horror nunca antes sentido. De repente percebeu as duas companheiras tomarem-lhe as mãos e dizerem:

— Não tenha medo, Grande-Medrosa, não estamos na realidade num caminho sem saída, e afinal não temos de voltar atrás. O cervo e a corça mostraram-nos isso plenamente. Devemos estar preparadas para seguir esse caminho e fazer a escalada.

— Oh, não! não! — disse Grande-Medrosa quase aos gritos. — Esse caminho é totalmente impossível. Os veadinhos podem fazê-lo; mas é impossível a uma criatura humana. Eu nunca poderia chegar lá. Eu cairia e seria feita em pedaços nessas horríveis rochas — e desmanchou-se numa crise histérica de soluços. Lá estava a Grande-Medrosa, serva do Pastor, assentada ao pé do desfiladeiro, torcendo as mãos, tomada de pânico, soluçando incontrolavelmente. — Eu não posso! Eu não posso! Nunca chegaria aos Lugares Altos!

Mas o pior ainda estava por vir! Enquanto ela se encolhia no chão, completamente exausta, ouviu sons de pedras rolando e uma voz bem ao lado dela:

— Ah! ah! minha querida prima! Encontramo-nos de novo, afinal! Como se sente agora, Grande-Medrosa, nesta agradável e alegre situação?

Ela abriu os olhos e, ao fixá-los na odienta figura de Covardia, sentiu-se aterrorizada!

— Pensei que de algum modo... — começou ele com um ar da mais horrível maldade — sim, eu realmente pensei que nos encontraríamos de novo! Você acreditou, pobre tolinha, que se livraria de mim? Não, não, Grande-Medrosa. Você faz parte da família Temores, e não pode fugir dessa verdade. E ainda mais, pequena idiota, você me pertence. Vim levá-la de volta sã e salva, seguro de que não me escapará jamais.

— Eu não quero ir com você — gritou Grande-Medrosa, chocada com essa terrível aparição, mas sem perder o domínio-próprio. — Eu absolutamente me recuso a ir com você.

— Bem, pode fazer sua escolha — cochichou Covardia. — Olhe para o desfiladeiro diante de você, minha querida prima. Acha que sentirá a felicidade lá dos altos?! Olhe só para onde estou apontando, Grande-Medrosa. Veja lá, naquele canto, no lado estreito entre as rochas. Há ali um abismo, e você terá de saltá-lo. Conseguirá? E aquela fenda enorme lá mais adiante, Grande-Medrosa? Você ficará pendurada no espaço tentando subir do outro lado? Como andar aos escorregões entre aqueles amontoados de rochas? E aquelas lá, cheias de pontas como facas, prontas para recebê-la e cortá-la em pedaços, enquanto suas forças se vão!

— Isso não a anima, não é verdade, Grande-Medrosa? Pense bem e imagine o quadro. E essa é apenas uma das muitas fendas do trajeto. Quanto mais subir, querida tolinha, maior será a queda. Bem, faça a escolha. Ou você tenta subir para onde sabe que nunca chegará, e terminará seus dias no fundo do precipício, ou volta e mora comigo como minha escrava para sempre — As rochas e os penhascos pareciam ecoar de novo seu regozijo maldoso.

— Grande-Medrosa — disseram as duas companheiras segurando-a e sacudindo-a pelos ombros de modo gentil, mas firme. — Você sabe onde está o socorro. Chame por ele.

Grande-Medrosa aconchegou-se a elas e soluçou de novo. — Estou com medo de chamar — balbuciou. — Estou com medo de que ele me mande seguir aquele caminho horrível, horrível, e eu não posso. É impossível! Não posso enfrentar isso. Oh, que farei? Que farei?

Tristeza curvou-se sobre ela e disse rápida e gentilmente: — Você tem de chamar por ele, Grande-Medrosa. Chame-o de uma vez.

— Se eu chamá-lo — continuou Grande-Medrosa encolhendo-se ainda mais e tremendo até os dentes — ele me mandará erigir outro altar e eu não posso! Desta vez eu não posso mesmo!

Covardia soltou uma gargalhada de triunfo e deu uns passos na direção dela. As duas companheiras interpuseram-se entre ele e sua vítima. Então Sofrimento olhou interrogativamente para Tristeza, que a entendeu e concordou. Sofrimento tirou de seu cinto pequena e pontiaguda faca e com ela catucou a encolhida Grande-Medrosa. Esta, sentindo-se desamparada dos três soltou um grito angustiante e aflito, e imediatamente fez o que já devia ter feito ao chegar ao desfiladeiro. Apesar de envergonhada, pois suas forças haviam chegado ao fim ela o fez. Ela gritou: "Ó Senhor! Sinto-me oprimida.

Ajuda-me! O medo apoderou-se de mim e envergonho-me até de levantar os olhos."

— Oh, por que, Grande-Medrosa? — era a própria voz do Pastor bem ao lado dela. — Que é que há? Tenha bom ânimo. Sou eu; não tenha medo.

Sua voz soou tão confiante e poderosa e, mais do que tudo, sem nenhum sinal de censura, que Grande-Medrosa sentiu como se forte alegria lhe houvesse penetrado o coração. Uma fonte de coragem brotou da presença do Pastor.

Ela se sentou, olhou-o e o viu sorrir um grande sorriso. A vergonha dos olhos dela não encontrou eco nos olhos do Pastor. De repente ela ouviu no coração as palavras que outras almas tímidas haviam proferido: "Meu Senhor é de tão terna compaixão por aqueles que sentem medo." Ao erguer o olhar, a gratidão inundou-lhe o ser e a mão gelada do medo, que a havia agarrado, quebrou-se, derreteu-se, e a alegria floresceu. Uma pequena canção passou-lhe pela mente como suave corrente de água.

> Meu amado é o maioral,
> Vale mais que dez mil homens.
> É gentil, belo e carinhoso.
> Sua força é sem igual.

— Grande-Medrosa — perguntou novamente o Pastor — diga-me, o que aconteceu? Por que está assim assustada?

— É este o caminho que escolheste para mim? É por aí mesmo que devo seguir? — perguntou baixinho. — Parece tenebroso! Pastor, é impossível! Eu quase desfaleço ao olhar para ele. As cabras monteses e as corças podem percorrê-lo, pois não são aleijadas nem covardes como eu.

— Mas, que foi que lhe prometi no vale da Humilhação? — perguntou o Pastor, sorrindo.

Grande-Medrosa parecia um tanto sobressaltada. O sangue lhe subiu às faces e fugiu-lhes de novo, deixando-as tão brancas quanto antes.

— Tu disseste — começou ela e parou. Depois recomeçou: — Ó Pastor, tu disseste que me farias os pés como os da corça e me levarias aos Lugares Altos.

— Pois bem — respondeu ele carinhoso — o único modo de desenvolver pés de corça é caminhar pelos caminhos por onde as corças andam, como aquele ali.

Grande-Medrosa estremeceu e olhou para ele meio envergonhada. — Eu não acho que eu queira... pés de corça, se for para seguir por caminhos como esse — disse vagarosa e dolorosamente.

O Pastor era uma pessoa muito cheia de surpresas. Em vez de olhá-la com desapontamento ou desaprovação, ele sorriu. — Oh, você quer, sim — disse risonho. — Eu a conheço melhor do que você mesma, Grande-Medrosa. Você deseja isso de todo o coração e eu lhe prometo os pés de corça. Na verdade foi com esse propósito que eu a trouxe para este lado, atrás do deserto, onde as montanhas são particularmente escarpadas e não há caminhos, a não ser os trilhos das cabras monteses. Tudo isso a fim de cumprir a promessa. Que lhe disse eu em nosso último encontro?

— Tu disseste: "Agora você verá o que eu farei" — respondeu, e acrescentou, olhando-o com ares de censura: — mas eu nunca sonhei que fizesses algo como isto! Trazer-me a um desfiladeiro intransponível por onde ninguém pode andar, a não ser cervos, gazelas e cabras, quando eu, diante desses animais, não passo de grande covarde?! Isso é... — e enquanto procurava as palavras adequadas, começou a rir. — Por quê? Isso é absurdo! É loucura! Que virá depois disto?

O Pastor riu também, dizendo: — Gosto de fazer coisas assim. Ora, não conheço nada mais emocionante e deleitável do que tornar a fraqueza em força, o medo em fé, a imperfeição em perfeição. Se há alguma coisa que mais me agradaria fazer neste momento seria tornar uma covarde em uma cabra montês. Esse é o meu trabalho especial — acrescentou com uma luz jubilosa no rosto. — Transformar coisas, tornar, por exemplo, Grande-Medrosa e transformá-la em... — ele interrompeu e pôs-se a rir. — Bem, veremos mais tarde em que ela será transformada.

A cena era realmente extraordinária. No lugar onde pouco antes tudo retratava medo e desalento, viam-se agora o Pastor e Grande-Medrosa assentados nas rochas ao pé do intransponível desfiladeiro, rindo juntos como se estivessem ouvindo a maior piada do mundo!

— Venha agora, minha pequena medrosa — disse o Pastor. — Você acredita que eu possa transformá-la numa cabra montês e fazê-la subir pelo desfiladeiro? — Sim.

— Você me deixará fazer isso?

— Sim, se quiseres realizar aventura tão louca, por certo o poderás.

— Crê que eu a deixarei ser humilhada no caminho para os Lugares Altos?

Grande-Medrosa olhou-o e disse algo que nunca antes havia pensado dizer: — Não acho que me importa o que podes ou não fazer, somente coloca em mim a tua vontade e o teu caminho, Pastor. Nada mais importa.

Enquanto ela falava, algo belo aconteceu. Um duplo arco-íris formou-se sobre o desfiladeiro, fazendo um círculo completo, de tal modo que o ziguezaguear do caminho por onde o cervo passou se iluminou com as luzes multicores. Grande-Medrosa presenciou maravilhada o belo espetáculo, mas algo ainda mais maravilhoso aconteceu. Ela viu Tristeza e Sofrimento afastarem-se um pouco enquanto o Pastor lhe falava. Elas postaram-se de pé, uma em cada lado do caminho; então as pontas do arco-íris, que tocavam a terra, tocaram uma em Sofrimento e a outra em Tristeza.

Na glória cintilante das cores do arco-íris, as duas figuras veladas transfiguraram-se em tal beleza que Grande-Medrosa só conseguia vê-las sem se ofuscar por curto momento.

Nesse momento ela fez o que ainda pouco antes lhe parecia inteiramente impossível. Ajoelhou-se e erigiu um altar onde depositou sua vontade, seu medo e seu tremor. Quando o fogo apagou, ela encontrou entre as cinzas uma grande e rústica pedra, maior do que todas as outras, cheia de pontas, escura e de aparência comum.

Colocou também essa pedra na mochila, levantou-se e esperou que o Pastor lhe determinasse o que fazer. No seu coração ela esperava que ele a acompanhasse nessa trajetória, assim como a havia acompanhado no deserto. Mas isso ele não faria.

Ele disse: — Agora você afinal chegou próximo aos Lugares Altos. Novo estágio da jornada começa aqui. Há novas lições a aprender.

— Devo dizer-lhe que este desfiladeiro encontra-se no pé do Monte Injúria. Toda a cadeia de montanhas se estende além e pode ser vista de qualquer lugar. Ela é escarpada, e em muitos trechos pior do que este desfiladeiro. Há ainda mais desfiladeiros terríveis nas encostas do Monte Injúria, do Monte Ódio, do Monte Perseguição e de outros mais. Entretanto, de qualquer modo não é possível encontrar o caminho que leve aos Lugares Altos, ao Reino do Amor, sem precisar afinal atravessar qualquer precipício.

— Na jornada até aqui você tem aprendido a lição da Aceitação-com-Alegria, que é a primeira letra do alfabeto do Amor. Agora você precisa aprender a segunda letra do alfabeto. Você chegou ao pé do Monte Injúria, e eu espero e desejo que ao subir o desfiladeiro você descubra qual é a segunda letra do alfabeto, e ao mesmo tempo aprenda a usá-la como aprendeu o A do Amor. Lembre-se de que embora encontre o Monte Injúria — e terá de rodeá-lo — não haverá no caminho o menor perigo ou mágoa se você aprender a praticar a segunda lição da Ascensão do Amor.

Dizendo isso, colocou as mãos sobre ela e solenemente a abençoou. Depois chamou as companheiras, que imediatamente se aproximaram. Então tomou uma corda de uma fenda da rocha e com suas próprias mãos amarrou as três para a travessia do precipício. Tristeza ia à frente, Sofrimento atrás e Grande-Medrosa no meio, de modo que as duas, fortes e firmes no andar, iam uma na frente e a outra atrás. Desta maneira, mesmo que Grande-Medrosa escorregasse e caísse, elas a ergueriam e a ampariam com a corda.

Finalmente, ele retirou de seu lado pequeno frasco de tônico cordial, que entregou a Grande-Medrosa com a recomendação de tomar um pouco imediatamente e fazer uso dele sempre que se sentisse fraca na sua caminhada. No rótulo do frasco lia-se: "Espírito de Graça e Conforto". Quando Grande-Medrosa tomou uma gota ou duas desse tónico, sentiu-se tão revigorada e fortalecida que estava pronta para começar a caminhada sem nenhum sinal de fraqueza, apesar de ainda permanecer em seu coração pequena sensação de terror.

Nesse momento o entardecer já ia alto, mas como era verão, haveria ainda duas ou três horas antes de escurecer de todo. O Pastor ordenou-lhes que afinal começassem a caminhar, pois, disse ele: Apesar de não conseguirem alcançar o topo antes do cair da noite, há uma gruta lá ao longe, nas rochas, que não pode ser vista daqui, onde vocês poderão descansar e passar a noite perfeitamente a salvo. Se permanecerem aqui à beira do precipício, seus inimigos com toda a certeza as atacarão e procurarão fazer-lhes mal. Entretanto eles não seguirão vocês por esta trilha. Enquanto caminharem, ficarão fora do alcance deles. Entretanto eu não duvido — acrescentou em tom de alerta — que vocês os encontrem de novo quando vencerem o desfiladeiro.

Com isso ele sorriu, encorajando-as, e imediatamente Tristeza deu o primeiro passo no caminho estreito que ziguezagueava por entre os penhascos. Grande-Medrosa seguiu atrás, e depois dela Sofrimento. Em um momento começaram a ascensão.

~ Capítulo 10 ~
A ASCENSÃO DO DESFILADEIRO DA INJÚRIA

Uma vez na trilha, Grande-Medrosa descobriu, para sua surpresa e profunda alegria, que o caminho não em de todo aterrador como o fora em antecipação. Escabroso, sim, e escorregadio, além de tremendamente estreito. Mas o fato de estar presa por meio de uma corda às fortes companheiras, dava-lhe segurança. Também, o cordial do Espírito de Graça e Conforto, do qual tomam algumas gotas, livrou-a da sensação de vertigem e desmaio por que passou ao olhar para o temível precipício. Além do mais, durante a primeira meia hora de subida o arco-íris ainda brilhava sobre elas, e embora o Pastor houvesse já desaparecido de vista, Grande-Medrosa tinha a agradável sensação de que ele estava ao lado delas.

Logo depois da partida tiveram de parar num pequeno nicho na rocha, em um dos trechos mais difíceis. Enquanto Tristeza sondava o caminho em frente e Sofrimento esperava na retaguarda, Grande-Medrosa descansava.

Ela não olhava para baixo, a não ser que a isso fosse obrigada. Mas de repente, ao fazê-lo, sentiu-se grata por haver o

Pastor ordenado que começassem a subida naquela tarde, antes da noite, pois sentados nas rochas lá embaixo estavam cinco de seus inimigos, olhando na direção delas e fazendo-lhes caretas horríveis com fúria e despeito. Na verdade, ela se sobressaltou ao perceber que Autopiedade (que parecia sempre o menos feio e o menos perigoso deles) curvou-se, apanhou uma pedra aguda e atirou-a com toda a força contra Grande-Medrosa. Felizmente estavam fora do alcance da pedra, que caiu num desfiladeiro próximo. Grande-Medrosa sentiu-se aliviada quando Tristeza puxou gentilmente a corda, avisando-a que podiam continuar a caminhada.

Ela se lembrou da advertência do Pastor sobre a possibilidade de encontrar os inimigos de novo na subida. Como conseguiram alcançar o Monte Injúria, ela não sabia; a menos que tivessem usado outro caminho.

Assim, as três subiram o mais alto possível enquanto as sombras dos penhascos se estendiam sobre a planície embaixo, e o sol pairava em seu fulgor de glória acima do deserto e do Grande Mar. Da altura que haviam alcançado podiam ver plenamente o mar a oeste, ao longo das praias por onde haviam passado.

A trilha que subiam às vezes voltava um pouco, depois avançava, rodeando os penhascos. Embora o caminho fosse cheio de interrupções em alguns lugares, Grande-Medrosa sentiu-se tremendamente aliviada ao perceber que já estavam à altura do abismo apontado por Covardia, o qual tanto a havia amedrontado antes.

Chegaram àquele local já quase de noite. Sobre o abismo havia uma espécie de ponte e uma corda presa de ponta a ponta à rocha, com aros de ferro, formando uma espécie de corrimão ao qual poderiam apoiar-se durante a travessia.

A corça e o cervo naturalmente desdenhariam tal auxílio pois poderiam saltar o abismo, como se isso nada lhes representasse. Entretanto, mesmo com o corrimão a ampará-la, Grande-Medrosa dava os passos com cautela, tentando apagar da imaginação o quadro que Covardia lhe havia pintado desse abismo. Por causa de experiências amargas ela sabia que os quadros ou figuras jogadas no fundo da imaginação podiam parecer muito mais preocupantes e terríveis do que a própria realidade.

Depois de transporem a ponte a salvo, entraram numa estreitíssima garganta quase invisível lá de baixo. Logo à frente estava o lugar de descanso acerca do qual o Pastor havia falado, uma pequena gruta onde deveriam passar a noite.

Com grande alívio e gratidão ela entrou e examinou a gruta. Da altura em que se achavam não conseguia olhar diretamente para baixo, mas era-lhe possível avistar o deserto e o mar distante. Na escuridão do céu, a lua erguia-se, espalhando sua claridade prateada, e as primeiras estrelas apareciam como fracos luzeiros. Na caverna, pedras achatadas formavam rústicos assentos e mesa, e no chão, empilhadas a um lado, havia peles de carneiro, que lhes serviriam de cama.

Não longe da entrada da caverna, as caminhantes avistaram pequena queda d'água descendo pelo penhasco, e para lá se dirigiram a fim de se refrescarem. Tristeza e Sofrimento abriram dois pacotes de pão, frutas secas e castanhas, alimentos que o Pastor lhes havia entregue ao pé do desfiladeiro, e alegremente mataram a fome. Depois, vencidas pelo cansaço, deitaram-se nas camas improvisadas e caíram num sono profundo.

Grande-Medrosa despertou com a primeira luz do amanhecer, levantou-se e foi à entrada da gruta. À fria luz do alvorecer ela não pôde deixar de sentir o cenário de grande desolação a se desenrolar diante de seus olhos. Tanto quanto a vista podia alcançar, nada havia a não ser a planície vazia e o mar com suas rochas e penhascos. A agradável região de florestas, deixada para trás, estava agora fora do alcance da visão, e em toda a área descoberta não se via uma só árvore, somente arbustos escassos. "Quanta desolação!" pensou Grande-Medrosa. As rochas na verdade pareciam cruéis. Era como se estivessem prontas a destruir qualquer coisa que caísse sobre elas. Nada poderia crescer em toda aquela extensão.

Nesse instante ela olhou para os penhascos acima de sua cabeça e vibrou de surpresa e deleite. Numa pequena fenda da rocha, onde pequenas gotas da queda d'água ocasionalmente chegavam, estava uma única planta com somente duas ou três folhas. Um caule frágil, quase como um fio de cabelo, surgia entre as folhas. No caule havia uma flor, de um vermelho-sangue, que se erguia como lâmpada de fogo aos primeiros albores do amanhecer.

Grande-Medrosa, extasiada, olhou por alguns momentos para a plantinha que, na sua ânsia de sair à luz, parecia forçar as paredes rochosas que a aprisionavam. Embora apertadas, suas raízes e folhas insistiam em sustentar o botão que erguia a face já aberta para o sol, na forma de afogueada flor, como uma chama de alegria. Ao olhar para ela, Grande-Medrosa perguntou, como antes fizera no deserto:

— Qual o seu nome, pequenina flor? Na verdade nunca vi outra igual a você.

Naquele momento o sol tocou as pétalas vermelhas cor de sangue, de modo que brilharam com mais intensidade do que nunca, e um suave sussurro ouviu-se de suas folhas:

— Meu nome é "Pagando o Preço", mas alguns me chamam "Perdão".

Naquele momento Grande-Medrosa lembrou-se das palavras do Pastor: "Ao subir o penhasco você descobrirá a segunda letra do alfabeto do Amor. Comece a praticá-la imediatamente".

Ela olhou para a florzinha e tomou a perguntar. — Por que a chamam assim?

Uma vez mais um risinho passou farfalhando pelas folhas, e Grande-Medrosa ouviu-a dizer. — Fui separada de todos os meus companheiros, exilada do meu lar, trazida a este lugar e aprisionada nesta rocha, não por minha escolha, mas pelo trabalho de outros que se foram e aqui me deixaram suportando os resultados do que haviam feito.

— Nasci e não tenho desfalecido — continuou a florzinha — não tenho cessado de amar, e isso me ajuda a sair da cavidade da rocha e olhar direto para meu Amor, o próprio Sol. Veja agora! Nada há entre meu Amor e meu coração; nada há ao meu redor que possa afastá-lo de mim. Ele brilha sobre mim e faz-me regozijar. Ele tem-me compensado de tudo o que de mim foi tomado e contra mim foi feito! Não há flor alguma em todo o mundo mais abençoada e mais completa que eu, pois, como criança inocente olho meu Amor e digo: "A ninguém tenho no céu senão a ti, e ninguém há sobre a terra que eu deseje, senão a ti."

Grande-Medrosa olhou para a chama brilhante acima de sua cabeça, e um desejo mesclado de inveja penetrou-lhe o coração. Ela sabia o que tinha de fazer. Ajoelhando-se na trilha estreita abaixo da flor prisioneira, disse: "Oh, meu Senhor, olha para mim: eu sou tua pequena serva 'Pagando o Preço'".

Naquele instante um fragmento da rocha que prendia as raízes da flor se desprendeu e caiu-lhe aos pés. Ela apanhou-o e guardou com carinho na mochila ao lado das outras sete pedras.

Levantou-se e retomou à gruta. Tristeza e Sofrimento a esperavam com farto suprimento de pão, passas e castanhas. Depois de haverem dado graças e comido, prenderam-se de novo na corda e continuaram a subida.

Depois de algum tempo alcançaram um lugar muito escabroso e escorregadio, e lá Grande-Medrosa teve a sua primeira queda, ferindo-se bastante nos fragmentos de rocha. Foi muito bom estar presa à corda, pois grande terror se apossou dela, fazendo-a tremer ao pensar que poderia ter sido despedaçada lá embaixo se não estivesse bem presa. Perturbada por esse pensamento, viu-se tão tomada de pânico que tudo o que fez foi encostar-se na rocha, chorar, e gritar às companheiras que estava a ponto de desmaiar, e com medo de cair.

Imediatamente Tristeza, à frente, segurou firme a corda, e Sofrimento, atrás, aproximou-se dela, abraçou-a e disse prontamente: — Tome umas gotas do tônico cordial que o Pastor lhe deu.

Grande-Medrosa estava tão fraca e assustada que apenas conseguiu deitar-se nos braços de Tristeza e murmurar. — Não sei nem onde está o frasco; não consigo mover-me para apanhá-lo.

Então Sofrimento abraçou Grande-Medrosa, já quase desmaiada, apanhou o frasco e pingou algumas gotas nos seus lábios entreabertos. Dentro de alguns minutos a cor voltou-lhe às faces e a crise começou a passar; mas ainda não conseguia mover-se. Tomou mais do Espírito de Graça e Conforto e começou a sentir-se fortalecida.

Então Tristeza gentilmente encurtou a corda de forma que pudesse alcançar a mão de Grande-Medrosa, e assim de novo se puseram a subir. Entretanto, como na queda Grande-Medrosa ferira ambos os joelhos, só com grande dificuldade podia manquejar, com muito sofrimento, dor e gemidos contínuos. Suas companheiras foram muito pacientes, e o progresso, lento. Mas era necessário grande esforço, pois deviam alcançar o topo do precipício antes do anoitecer, visto que nenhuma outra gruta havia em que pudessem descansar.

Sofrimento, afinal, debruçou-se sobre ela e perguntou: — Grande-Medrosa, que fez ao deixar a gruta esta manhã e sair a andar sozinha?

Grande-Medrosa lançou-lhe um olhar assustado, e disse num sopro de dor:

— Eu observava uma flor que nunca vira antes, crescendo na rocha, ao lado da queda d'água

— Que flor era? — insistiu, muito gentil.

— Era "Pagando o Preço" — respondeu com voz baixa — mas alguns a chamam "Perdão".

Por alguns momentos Grande-Medrosa permaneceu calada, lembrando-se do altar que erigira e culpando-se por não estar praticando a nova e difícil letra do alfabeto do Amor. Então disse:

— Será que ajudaria colocar umas gotas do cordial em meus joelhos?

— Podemos tentar — disseram juntas Tristeza e Sofrimento. — É uma excelente sugestão.

Pingaram umas gotas em ambos os joelhos, e quase no mesmo instante o sangramento cessou e a dor desapareceu. Suas pernas, entretanto, continuaram fracas, obrigando-a a coxear, mas mesmo assim tentaram continuar com passos mais rápidos. À tardinha chegaram ao final daquela horrível ascensão e viram-se numa floresta de pinheiros, com gramados e amoreiras silvestres crescendo às margens do caminho.

E o desfiladeiro, que parecia intransponível, tinha ficado para trás. Descansando assentadas sobre troncos de madeira, ouviram uma voz cantando bem no lado:

> Formosa és tu amada minha,
> Somente em ti manchas não há.
> Oh, vem comigo aos altos montes,
> Lindas vistas olhar de lá.
>
> Antes que o dia amanheça,
> Antes que as sombras se vão,
> Subamos até às montanhas,
> De onde o cheiro de incenso nos vem.
>
> Vem comigo, ó minha amada,
> Até o Líbano comigo vem,
> Sobre os cumes do Senir,
> De Amana e do Hermom,
>
> A morada dos leões,
> Onde leopardos vivem.
> A visão do alto é clara —
> Terra pronta para conquista
> Do amor que se declara.
>
> (Cantares 4.7,8)

Vindo ao encontro delas, por uma clareira entre as árvores, surgiu o Pastor em pessoa.

Capítulo 11

NAS FLORESTAS DO PERIGO E DA TRIBULAÇÃO

Com que alegria receberam o Pastor, que se assentou entre elas! Depois de congratulações cordiais por terem vencido a escalada do desfiladeiro, ele tocou de forma carinhosa os ferimentos de Grande-Medrosa, que de imediato se sentiu curada. Então ele começou a lhes falar acerca do caminho que teriam pela frente.

— Vocês têm de atravessar agora as florestas que cobrem as encostas destas montanhas quase até ao alto, nos limites da neve. O caminho é escabroso, mas encontrarão lugar de descanso aqui e acolá. Essas são as Florestas do Perigo e da Tribulação. Aqui muitas vezes os pinheiros crescem tão alto e tão juntos que o caminho se torna um tanto escuro. As tempestades são muito frequentes nessas encostas, mas continuem em frente, lembrando-se de que nada lhes poderá causar real dano enquanto seguirem o caminho escolhido por mim.

Era estranho que, mesmo depois de superar tantas dificuldades, como lugares escarpados e o intransponível desfiladeiro, Grande-Medrosa procedesse ainda de acordo com o seu nome!

Mas era isso mesmo! Nem bem o Pastor terminara de pronunciar as palavras "perigo e tribulação", ela já começava a tremer.

Florestas de Perigo e de Tribulação! — repetiu quase sem voz. — Oh, Pastor, para onde tu me levarás agora?

— Para o próximo estágio da jornada — respondeu pronto, sorrindo o mais gentil sorriso.

— Fico a imaginar se algum dia conseguirás levar-me até lá! — resmungou a pobre tolinha. — Imagino que continuarás a afligir-me e não cumprirás tua palavra afinal. Creio até que nunca deixarei de ter os pés aleijados, e que nem poderás tomá-los como os de corça — e olhou desconsolada para os pés. Por certo naquele momento eles lhe pareceram até mais tortos do que nunca.

— Não sou homem para que minta — disse o Pastor, sério. — Olhe para mim, Grande-Medrosa. Acha que eu a decepcionaria? Não tenho cumprido todas as minhas promessas? Ou tenho por acaso falado de coisas que não foram para o bem?

Grande-Medrosa estremeceu, em parte diante do tom de voz do Pastor, e em parte porque, sendo ainda por natureza Grande-Medrosa, tentava imaginar o que seriam Florestas de Perigo e de Tribulação. Esses pensamentos sempre tiveram efeito desastroso sobre ela, mas respondeu penitente:

— Não; eu sei que não és homem para que mintas. Sei que tudo o que fazes e dizes é para o meu bem.

— Então — disse o Pastor de modo gentil de novo — vou guiá-la através do perigo e da tribulação, mas nada precisará temer, pois estarei com você. Ainda que eu a guie pelo próprio Vale da Sombra, não tema, pois meu cajado e minha vara a sustentarão.

E acrescentou: "Não te assustarás do terror noturno, nem da seta que voa de dia, nem da peste que se propaga nas trevas, nem da mortandade que assola ao meio-dia. Caiam mil ao teu lado, e dez mil à tua direita; tu não serás atingido" (Salmos 91.5-7). Era indescritível a ternura de sua voz ao dizer essas palavras.

Naquele momento, Grande-Medrosa ajoelhou-se aos pés do Pastor e erigiu outro altar, dizendo:

— Sim, ainda que eu ande pelo Vale da Sombra da Morte, não temerei mal nenhum, porque tu estás comigo. Disse isso, porém, sentindo suas mãos destilar suor frio e seu corpo tremer até os dentes de tanto medo. Contudo, ela olhou firme para o rosto do Pastor e acrescentou:

— Porque tu não és homem para que mintas nem filho de homem para que te arrependas. Tudo o que disseste não o fizeste? E tudo o que tens falado não tem sido para o meu bem?

O Pastor sorriu de novo, agora de forma mais confortadora que nunca, e colocou as mãos sobre a cabeça dela, dizendo:

— Seja forte, sim, seja forte e não se atemorize —. E continuou: — Não tente imaginar por si mesma o que virá depois. Creia-me. Quando passar pelos lugares que antes lhe causavam medo, verá que são muito diferentes do que havia imaginado, como aconteceu com o temível desfiladeiro. Advirto-a de que vejo seus inimigos escondidos entre as árvores, e se permitir que Covardia comece a pintar um quadro na tela de sua imaginação, você terá medo, tremor e agonia, onde na realidade não existe medo.

Dizendo isso, apanhou uma pedra do lugar onde ela se ajoelhara, deu-lhe, com a recomendação de conservá-la junto às outras, e partiu. Grande-Medrosa e as companheiras tornaram a trilha que as guiaria através das florestas.

Tão logo alcançaram as primeiras árvores, viram Autopiedade espiando-as por detrás de um tronco. Ele sempre tagarelava rápido antes de retornar ao esconderijo:

Digo-lhe, Grande-Medrosa; é realmente lamentável o que ele lhe fez! Forçar uma pobre e assustada aleijadinha a andar no meio de tantos perigos que só homens bravos e fortes ousariam enfrentar! Na verdade, seu Pastor é mais tirânico do que o próprio Covardia!

Nem bem ele terminava de falar, já Ressentimento colocava a cabeça de fora e dizia zangado:

— Não há razão para tanto sofrimento, pois há um bom caminho que corta a floresta e pode levá-la bem nos limites da neve, sem ter de enfrentar esses perigos desnecessários. Todos vão por aquele caminho; porque não faz o mesmo? Diga-lhe que não quer ir pelo caminho indicado por ele, insista em percorrer o caminho usual. Este é o caminho dos mártires; e você, minha querida, afinal não se ajusta a esse quadro.

Então Covardia, interrompendo, disse com ímpeto: — E pensa que se tornará uma pequena heroína, não é? e ainda vai cantando pela Floresta do Perigo! Posso apostar que terminará seus dias sempre assustada, trêmula, aleijada e mutilada!

Amargura, por sua vez, cochichou atrás de outra árvore:

— Ele faria isso. É justamente como Lhe falei. Depois de fazê-la passar fielmente por experiências terríveis, ele arruma algo ainda pior logo depois.

Naquele momento Orgulho (ainda mancando com dificuldade e extravenenoso) disse:

— Você sabe, depois de tudo ele não descansará enquanto não humilhá-la. É esse o método que ele usa para ensinar essa preciosa humildade que defende com tanto ardor. Ele a humilhará até reduzi-la a pó, e fará de vorá uma grande idiota na frente de todo o mundo.

As caminhantes continuaram a andar, ignorando todo aquele palavrório, mas, como antes, Grande-Medrosa descobriu que coxeava mais dolorosamente quando ouvia seus inimigos. Era deveras difícil saber o que fazer. Se ouvisse, coxeava; se tapasse os ouvidos com as mãos, não poderia segurar nas mãos das companheiras. Sozinha, poderia escorregar e cair.

Assim, pararam durante alguns minutos e discutiram o assunto. Logo depois, Sofrimento abriu pela primeira vez a caixa de Primeiros Socorros, presa em seu cinto, e dela tirou algodão para tapar os ouvidos de Grande-Medrosa. Apesar do desconforto, isso pareceu surtir o efeito desejado, pelo menos temporariamente, pois quando os cinco provocadores perceberam que não podiam fazê-la ouvi-los, pararam de perturbá-la, até outra oportunidade de atacá-la.

A princípio, a floresta não pareceu tão terrível, talvez porque o ar da montanha, fresco e puro, tornava-as fortes e revigoradas. O sol, ainda brilhando, dava a Grande-Medrosa uma sensação completamente nova, uma espécie de emoção prazerosa de aventura. De fato, aqui estava ela, aleijada, andando pela Floresta do Perigo!

Mas não demorou muito e grandes e negras nuvens surgiram a rolar pelo céu, encobrindo o sol. Trovões começaram a ribombar, a princípio distantes, depois cada vez mais próximos. A escuridão cobriu a floresta. De repente um facho de luz atravessou o céu e algo à frente delas estourou, tombando ao chão enorme árvore; e daí outra, e mais outra. Agora o temporal caía com toda a sua fúria. Rugiam os trovões. Os relâmpagos cortavam o espaço em todas as direções. A floresta inteira parecia gemer e sacudir-se sob o pavoroso vendaval.

O mais estranho em tudo isso em que, apesar de Grande--Medrosa sentir leve tremor perpassar-lhe o corpo a cada relâmpago ou trovão, ela não se apavorava. Não sentia pânico, nem desejo de correr, porque repetia para si mesma:

"Embora caiam mil ao teu lado, e dez mil à tua direita, tu não serás atingida... Cobrir-te-á com suas penas, sob suas asas estarás segam." Assim, durante todo o temporal ela se sentiu cheia de estranha e confortadora paz. Ela andava entre suas companheiras dizendo: "Eu não morrerei, mas viverei e anunciarei as obras do Senhor."

Enfim, a tempestade amainou; cessaram os trovões, e tudo se aquietou. As trás pararam, sacudiram a água do cabelo e das roupas, e se puseram em ordem a fim de continuar o caminho. Nesse instante Covardia apareceu de novo e gritou bem alto:

— Eu sei, Grande-Medrosa, que a tempestade está rodeando as montanhas, e logo passará por aqui de novo, porém com muito mais fúria ainda. Faça meia-volta o mais rápido possível e caia fora desta perigosa floresta antes que o temporal retome e lhe tire a vida. Ainda há tempo de escapar.

— Olhe aqui — exclamou Grande-Medrosa, a água ainda a escorrer-lhe pelos cabelos, a saia ensopada enrolando-lhe nas pernas — eu não vou suportar mais esse camarada a gritar nos meus ouvidos. Por favor — disse às companheiras — ajudem-me vocês duas — e dando o exemplo, curvou-se, apanhou uma pedra e atirou-a certeiramente contra Covardia.

Suas companheiras riram talvez pela primeira vez, e começaram também a atirar pedras na direção das árvores onde estavam os cinco indesejáveis. Em um momento nenhum de seus inimigos estava à vista. Naquele momento, bem na frente delas, numa clareira, uma cabana de madeira parecia surgir em tempo de abrigá-las do temporal que voltava. Correram para lá. A porta estava trancada, mas forçaram-na até abrir-se. Agradecidas, escorregaram-se para dentro. Com grande presença de espírito Sofrimento bateu a porta, trancando-a por dentro em cima da hora!

No momento seguinte os inimigos estavam batendo e gritando: — Ei, por favor! abram a porta e deixem-nos entrar! A tempestade começa de novo. Vocês não podem ser tão desumanas ao ponto de fechar-nos do lado de fora e deixar-nos ao léu da sorte!

Grande-Medrosa aproximou-se e gritou pelo buraco da fechadura as mesmas palavras que lhe haviam dirigido pouco antes: — Ei, façam meia-volta o mais rápido possível e caiam fora desta perigosa floresta antes que o temporal recomece e lhes tire a vida! Ainda há tempo de escapar.

Ouviu-se um rumor de praguejamentos lá fora, e passos apressados que corriam, perdendo-se à distância. Desta vez o conselho devia ter sido bem recebido e aceito. A tempestade aproximava-se ainda mais ameaçadora. Elas, porém, estavam a salvo, longe das árvores que caíam e sem perigo de se molharem, pois o teto era à prova d'água, de forma que nem uma gota de chuva as atingia.

Encontraram bom suprimento de lenha para o fogo, empilhada ao lado de pequeno fogão, sobre o qual estavam uma chaleira e algumas panelas. Enquanto Sofrimento se encarregava de acender o fogo, Tristeza abriu a porta e encheu a chaleira com água da chuva. Grande-Medrosa examinou o armário e encontrou louças de barro, alimentos enlatados e enorme lata de biscoitos. Assim, em pouco tempo, enquanto a tempestade rugia furiosa lá fora, ali estavam elas, assentadas ao lado de um bom fogo, aquecendo-se e secando suas roupas ensopadas, enquanto saboreavam delicioso chocolate quente e matavam a fome. Apesar de o temporal balançar a cabana, ali dentro havia paz, gratidão e grande contentamento.

Grande-Medrosa admitia, atônita, que a aventura por que passava agora era a maior experiência de paz e alegria vivida durante toda a sua jornada. Ao se deitarem sobre os cobertores que encontraram empilhados a um canto da cabana, ela muito suavemente repetia consigo mesma: "Ele cobriu-me com suas penas e sob suas asas posso descansar."

A tempestade continuou violenta durante dois ou três dias, mas as três permaneciam a salvo no abrigo da cabana. Desta só saíam nas estiagens, a fim de apanhar lenha, que era colocada no forno para secar e refazer o estoque de combustível. Parece que havia grande estoque de alimentos enlatados, de biscoitos, como se servos do Pastor visitassem a cabana de quando em quando levando novos suprimentos.

Durante esses tranquilos dias passados ali, Grande-Medrosa conheceu o outro lado da personalidade de suas companheiras. Também familiarizou-se mais com o dialeto da montanha, que falavam. De algum modo começou a vê-las, não só como servas e simples ajudantes e guias sob as ordens do Pastor, mas também como amigas. Desta maneira, sentia-se mais aberta a todas as belezas e deleites do mundo ao seu redor.

Era como se seus sentidos tivessem sido de tal modo aguçados que lhe permitissem descobrir e gozar cada pequeno detalhe da vida. Assim, embora as companheiras continuassem sendo Tristeza e Sofrimento, ela sentia uma satisfação quase inexplicável em tudo à sua volta. Esse sentimento ocorria ao ver as chamas crepitantes do fogo, as árvores dobrando-se até ao chão, os relâmpagos cortando o céu com seu facho luminoso, e a estrela da alva surgindo por entre nuvens, antes do amanhecer; também sentia essa estranha alegria ao ouvir o som da chuva, o ribombar dos trovões, ou o jubiloso chilrear de um pássaro quando a tempestade parava.

Todas essas coisas ela sentia no dialeto da montanha, e por incrível que pareça, a linguagem, de tão bela e emocionante, lhe tocava o coração até às lágrimas! Ela mal podia aguentar!

Certa manhã, quando a tempestade rugia e parecia abater a floresta com toda a sua fúria, Grande-Medrosa percebeu Tristeza assentada ao lado do fogo, cantarolando como que para si mesma. As palavras, entretanto, eram pronunciadas no dialeto da montanha, o qual já conseguia entender. Vou tentar traduzir essa canção da melhor maneira possível, mas a original dá muito mais força e beleza aos sons e à música da floresta.

> Quão formosos são teus pés,
> Linda filha da princesa!
> Que se movem a correr
> Como água em correnteza.
> Nem gazela da montanha,
> Nem a cerva ou o veado,
> De alcançá-los é capaz —
> Todos ficam para trás.
> (Cantares 7.1)

— Ora, Tristeza! — exclamou Grande-Medrosa — eu não imaginava que você sabia cantar, e nem mesmo que conhecesse alguma canção!

— Nem eu mesma sabia — respondeu Tristeza, tranquila — mas durante a jornada pela floresta, as palavras e a melodia vieram tal como cantava agora.

— Gosto da melodia — disse Grande-Medrosa. — Ela me faz pensar no futuro, quando terei pés de corça. Isso é muito reconfortante. A música é tão bonita e alegre que me dá vontade de saltar — e riu só ao pensar em ver-se saltando com os pés aleijados. Depois pediu: — Ensine-me a canção, por favor!

Tristeza cantou de novo algumas vezes até Grande-
-Medrosa aprendê-la bem. Ela agora andava pela cabana cantarolando, tentando imaginar-se uma gazela livre, saltando de pedra em pedra, pelas montanhas, como o Pastor fazia. Quando chegasse o dia de receber pés de corça, ela estaria capacitada a acompanhá-lo aonde quer que fosse. Ela mal podia esperar pela concretização desse quadro tão belo.

Capítulo 12

NO NEVOEIRO

Afinal a tempestade foi passando gradualmente. O clamor nas montanhas cessou; em tempo de recomeçar a jornada. Embora as condições atmosféricas tivessem mudado completamente após a tempestade, denso nevoeiro permaneceu encobrindo-lhes toda a visão.

Elas mal podiam enxergar as árvores à beira do caminho estreito, as quais pareciam sombras fantasmagóricas e irreais. O resto da floresta fora simplesmente tragado pelo nevoeiro, totalmente encoberto como se velado por densa cortina branca. O caminho não era tão escabroso e acidentado, mas estava enlameado e escorregadio. Surpreendentemente, depois de algumas horas de jornada, Grande-Medrosa começou a sentir falta do rolar dos trovões e até mesmo das árvores tombando e partindo-se à ação dos raios.

Ela começou a entender que, apesar de toda a sua covardia, havia algo dentro dela que reagia com certo prazer e emoção aos testes e dificuldades do caminho, melhor do que às simples e fáceis circunstâncias. Embora o medo a fizesse tremer toda, tratava-se apenas de problema emocional. Assim, para sua surpresa, no seu íntimo ela preferia o escabroso desfiladeiro a esta terrível cerração. De algum modo, os perigos da tempestade serviram-lhe de estímulo; agora, nada mais havia senão a monotonia de uma caminhada penosa, sempre em frente, dia após dia, sem nada ver a não ser aquela branca névoa cobrindo as montanhas e impedindo a passagem até de um único raio de sol. Afinal ela exclamou impaciente:

— Será que este nevoeiro não vai nos deixar? Será? — Parecia incrível, mas uma voz bem conhecida respondeu por entre as árvores:

— Não, não vai, não — era Ressentimento. — Além do mais, você já deveria saber que esse nevoeiro vai continuar indefinidamente! Quanto mais altas as montanhas, mais fechado será o permanente nevoeiro. Isso é tudo o que pode esperar para o resto da jornada!

Grande-Medrosa pretendia tapar os ouvidos, mas a voz continuava a soar, a soar.

— Notou que o caminho agora não vai direto para o alto, mas é quase plano? Você deve ter-se perdido e rodeia a montanha em círculos. Não percebe?

Grande-Medrosa não havia notado isso antes, mas percebia-o agora. Elas não subiam; simplesmente moviam-se ao longo da encosta, um pouco para cima e um pouco para baixo, sendo que as descidas pareciam até mais frequentes. Seria o caso de estarem gradualmente descendo e não subindo? No denso nevoeiro era impossível saber a verdade. Descobriu que havia perdido todo o senso de orientação. Ao perguntar às companheiras sobre o que pensavam do assunto, elas responderam sem rodeio que estavam no caminho certo, o caminho indicado pelo Pastor, e que ninguém as persuadiria a desviar-se dele (dando a entender que Grande-Medrosa não devia ter prestado atenção às sugestões de Ressentimento).

— Mas — insistiu ela, petulante: — Vocês não acham que nos perdemos neste nevoeiro? O Pastor disse que nos levaria para o alto, e como veem, não é para lá que caminhamos. Estamos rodeando a encosta da montanha. Deveria haver um caminho direto para cima, o qual talvez não tenhamos notado por causa do nevoeiro.

Como única resposta, elas disseram que sabiam por onde estavam indo, e que isso era melhor do que ouvir qualquer sugestão de Ressentimento. Nessa hora a voz de Amargura surgiu clara:

— Vocês deviam voltar um pouco e investigar o caminho em vez de insistir em avançar, o que pode provar ser o caminho errado, e que as faz andar em círculos.

Tristeza e Sofrimento não lhe deram ouvidos, mas infelizmente Grande-Medrosa o fez, e disse ainda com maior petulância:

— Acho que devíamos considerar a sugestão. Talvez fosse melhor voltar um pouco e ver se na realidade não perdemos o caminho. Não tem sentido andarem círculos, o que não nos leva a parte alguma.

A isto responderam: — Bem, se estamos andando em círculos, por certo chegaremos, afinal, ao lugar onde começamos a desviar; e se conservarmos os olhos bem abertos descobriremos o caminho que deixamos atrás. Isso se realmente toda essa conversa não passar de simples imaginação de Amargura.

— Coitadinha de você! — veio a voz sussurrante de Autopiedade através do nevoeiro — é tão desagradável estar sob a guarda de criaturas tão obstinadas! Pense no tempo perdido, andando sem saber para onde. Caminhando, caminhando, dia após dia, sem orientação, quando, pelo tempo, já devia estar chegando aos Lugares Altos.

Assim eles continuaram sussurrando e falando do meio da neblina que a tudo envolvia de modo terrível e assustador. Ela não devia dar-lhes ouvido, é claro; mas o nevoeiro era tão cerrado e o caminho tão monótono que, mesmo contra a vontade, ela atendia a esse desejo do coração.

Sofrimento, firme, seguia na frente, e Tristeza, do mesmo modo, à retaguarda, pois assim impediriam Grande-Medrosa de voltar atrás; mas ela começou a coxear, a escorregar e a tropeçar de modo mais intenso do que em qualquer outro estágio da jornada. Todas essas dificuldades deixavam-na mal-humorada e até intratável. É verdade que depois de cada tropeção ela, com a consciência dolorida, desculpava-se desconsolada às suas companheiras; mas isso não a livrava de outros escorregões. Na verdade, elas atravessavam uma fase terrível; o nevoeiro, em vez de se dissipar, tornava-se mais e mais denso, e o ar mais frio e mais triste do que nunca.

Afinal, uma tarde, quando a única coisa que poderia descrever seu progresso eram a lama, a umidade, os constantes escorregões e os tropeções ao longo do caminho, ela decidiu cantar.

Convém salientar aqui que Grande-Medrosa não possuía o dom de uma voz doce e agradável, bem como o de um belo rosto. É verdade que gostava de cantar, especialmente junto com o Pastor, quando o acompanhava na tonalidade certa, quase bem, poder-se-ia dizer; mas sozinha, o resultado era desastroso! Entretanto o nevoeiro continuava tão denso, e ela ficava tão enrijecida, que sentiu a necessidade de fazer algo no sentido de alegrar-se e afastar de si o sussurro das vozes espectrais vindas de entre as árvores.

Era desagradável admitir que seus parentes se divertiriam à custa de sua voz desafinada, mas decidiu correr esse risco. "Se eu cantar bem alto", pensou, "não poderei ouvir o que eles dizem."

A única canção que lhe veio à mente naquela hora foi a que Tristeza lhe ensinara na cabana. Apesar de parecer singularmente inadequada, ela, trêmula, ergueu a voz e cantou:

> Quão formosos são teus pés,
> Linda filha da princesa!
> Que se movem a correr
> Como água em correnteza.
> Nem gazela da montanha,
> Nem a cerva ou o veado,
> De alcançá-los é capaz
> — Todos ficam para trás.

(Cantares 7.1)

Houve perfeito silêncio enquanto ela cantava. As altas e provocantes vozes dos inimigos cessaram de vez. "É uma boa ideia", pensou Grande-Medrosa cheia de júbilo. "Eu devia ter descoberto isso antes. É uma maneira de tapar os ouvidos às palavras dos inimigos, melhor do que com algodão; e parece... parece realmente que vejo pequena abertura no nevoeiro adiante. Que lindo! Cantarei a estrofe de novo." E assim fez.

— Que é isso, Grande-Medrosa? — perguntou-lhe uma voz em tom alegre. — Nunca ouvi essa canção antes. Onde a aprendeu?

Ali, com um sorriso especial, aproximava-se dela o próprio Pastor. É impossível descrever com palavras a alegria de Grande-Medrosa ao vê-lo naquele terrível caminho da montanha, envolvido pelo nevoeiro, e onde tudo parecia gelado e úmido. Agora, com a sua chegada o nevoeiro se desfez rápido e os raios do sol — os primeiros após vários dias — enfim brilharam.

— Oh, Pastor — exclamou, tornando-lhe as mãos e sem poder dizer mais nada. Era como se o readquirisse depois de tê-lo perdido.

— Diga-me — insistiu ele ainda sorrindo — onde aprendeu essa canção?

— Tristeza me ensinou. Eu não sabia que ela conhecia algumas canções, Pastor; mas ela disse que a letra e a melodia lhe vieram à mente enquanto subíamos pela floresta. Embora eu reconheça que sou desafinada, pedi-lhe que me ensinasse porque essa canção fez-me pensar no dia em que tu farás meus pés como os da corça e eu nunca mais terei de coxear — e olhou envergonhada para as suas roupas úmidas e seus pés enlameados.

— Estou alegre por ouvi-la cantar essa canção — disse o Pastor mais feliz do que nunca. — Penso tratar-se de uma canção particularmente bela. Na verdade — continuou sorrindo — devo acrescentar outra estrofe a essa canção — e começou a cantar estas palavras com a mesma melodia:

> As curvas de tuas coxas, como joias,
> São obra de um artista.
> Quais pedras preciosas, com engastes,
> Nas mãos de grande mestre.
> Procurem no palácio, pelas pinças;
> Um porte igual ao dela não existe,
> Não há quem saiba andar com tanta graça!
> (Cantares 7.1)

— Oh, Pastor! Onde encontraste essa estrofe para aplicar à melodia que Tristeza me ensinou?

Ele sorria, ao responder: — A letra veio-me justo agora, enquanto a seguia por este caminho.

A pobre Grande-Medrosa, sabendo que vinha escorregando e tropeçando mais do que antes, sentiu o sangue subir-lhe ao rosto. Ela nada disse; somente olhou para ele, envergonhada.

— Talvez você não saiba — disse ele gentil em resposta àquele olhar — mas não penso em você da maneira como é agora, mas de como será quando eu levá-la para o Reino do Amor e lavá-la de todas as manchas e impurezas da jornada! Se eu caminhar atrás de você e perceber suas dificuldades, quedas e escorregões, pensarei no que você será quando estiver comigo, saltando lépida nos Lugares Altos! Você não gostaria de aprender a cantar a minha estrofe como o fez com a que Tristeza lhe ensinou?

— Sim — disse ela agradecida, tornando-lhe a mão de novo — certamente a aprenderei e a cantarei.

A essa altura o nevoeiro dissipara totalmente, e o sol, brilhando, fazia as árvores molhadas e a grama úmida tremeluzirem de alegria. As três, agradecidas, aceitaram a sugestão do Pastor de sentarem-se por algum tempo, descansarem e alegrarem-se ao sol. Tristeza e Sofrimento, como sempre o faziam quando o Pastor estava presente, afastaram-se a fim de permitir que ele e Grande-Medrosa pudessem conversar com mais liberdade. Ela lhe contou toda a triste história de sua longa peregrinação no nevoeiro, os ataques de Ressentimento, Amargura e Autopiedade, e do seu medo de que, talvez, tivessem afinal errado o caminho por causa da falta de visibilidade.

— Acha que eu permitiria que se desviassem do caminho rumo aos Lugares Altos, sem fazer algo para as prevenir? — perguntou o Pastor, calmo.

Ela olhou para ele com tristeza e disse, suspirando: — Quando Ressentimento e os demais sussurram aos meus ouvidos, eu me sinto quase pronta a crer em tudo, não importa quão absurdo seja.

— Seria melhor você se tornar cantora — disse ele sorrindo. — Assim, enquanto estiver cantando não ouvirá o que dizem. Pergunte à Tristeza e ao Sofrimento se têm outro cântico para lhe ensinar. Você as considera boas guias, Grande-Medrosa?

Ela olhou para ele, atenta, e assentiu com a cabeça. — Sim, muito boas. Eu nunca poderia pensar que isso fosse possível, Pastor, mas o fato é que, de algum modo, vim a amá-las. Quando as vi pela primeira vez, elas me pareceram terrivelmente fortes e graves, e estava certa de que seriam ásperas e rudes comigo, sem se importar com os meus sentimentos. Como eu temia isso! Mas elas foram bondosas e muito, muito carinhosas comigo. Acho até que elas aprenderam a ser gentis e pacientes ao ver a tua bondade e meiguice.

— Nunca poderia ter assumido a caminhada sem elas — continuou, agradecida — e a coisa mais interessante é que gostam de ajudar a uma pequena feia e aleijada como eu. Elas querem realmente guiar-me para os Lugares Altos, não só por ser essa a ordem que lhes deste, mas também porque elas querem realmente que uma covarde como eu seja transformada. Sabes, Pastor, faz grande diferença em meus sentimentos com relação a elas o fato de nunca mais olhá-las com medo, mas como amigas interessadas em ajudar-me. Sei que pode parecer ridículo, mas às vezes sinto que me amam e querem ir comigo de livre e espontânea vontade.

Ao terminar de falar, olhou para o rosto do Pastor e surpreendeu-se ao vê-lo tentando evitar o riso. Sem nada dizer por um momento, ele se voltou para as guias. Grande-Medrosa acompanhou-o com o olhar.

Afastadas deles, as guias não sabiam que estavam sendo observadas. Assentadas bem juntas, com seus véus jogados para trás, elas olhavam além, para as montanhas dos Lugares Altos. Grande-Medrosa não podia ver-lhes o rosto, pois estavam de costas, mas admirou-se pelo fato de parecerem agora mais altas e fortes do que no dia em que as viu pela primeira vez, ao pé das montanhas.

Havia algo de indescritível majestade nas pessoas delas naquele momento, e uma espécie de radiante expectação em sua atitude. Elas conversavam rapidamente, em voz tão baixa, que não se podia entender uma só palavra. Seria possível? Sim, era! Elas estavam rindo! Que conversavam sobre algo divertido não havia dúvida!

O Pastor observou-as por alguns momentos em silêncio, e então virou-se para Grande-Medrosa. Seus olhos sorriam, mas ele falou grave:

— Sim, creio que você tem razão. Elas parecem gostar da tarefa, e talvez sintam até afeição por aquela a quem servem — e riu alto.

Tristeza e Sofrimento deixaram cair rápido o véu sobre o rosto e olharam ao redor para ver o que estava acontecendo. Mas o Pastor tinha algo mais a dizer antes de lhes ordenar a continuação da jornada. O sorriso morreu no rosto do Pastor, ao perguntar, muito sério:

— Você me ama ao ponto de confiar em mim completamente, Grande-Medrosa?

Ela olhou para ele do modo como o fazia cada vez que sentia estar sendo preparada para novo teste, e então respondeu:

—Tu sabes o quanto te amo, Pastor. Eu te amo tanto quanto meu pequeno coração é capaz de amar. Tu sabes o quanto mais eu desejo amar-te! O quanto mais eu desejo confiar em ti.

— Deseja confiar em mim, mesmo que tudo neste grande mundo pareça dizer-lhe que a tenho decepcionado sempre?

— Claro que sim! — disse, perplexa, olhando para ele. — Tenho certeza que sim, pois de uma coisa sei, e é bem verdade: é impossível que mintas. É impossível que me decepciones. Muitas vezes, eu sei, tenho-me atemorizado diante do que me pedes — acrescentou um tanto envergonhada — mas nunca pude duvidar de ti. O medo que sinto é de mim mesma, nunca de ti; e mesmo que todos no mundo me digam que me tens decepcionado, eu saberia ser isso impossível.

— Ó Pastor — implorou — não penses que eu duvido de ti, mesmo nas horas de maior temor, covardia e fraqueza. Tu sabes, tu sabes que confio em ti. No fim de tudo, estou certa de poder dizer que a tua benignidade me fez grande.

Ele nada disse por um pouco, somente baixou os olhos com ternura, quase com piedade, para a figura agora ajoelhada a seus pés. Então, depois de algum tempo, disse com muita calma:

— Grande-Medrosa, suponha que eu realmente venha a decepcioná-la? E daí? — Era agora a vez de ela se calar, tentando imaginar essa coisa impossível sugerida por ele e como lhe responder. E daí? Aconteceria porventura de nunca mais poder confiar nele, de nunca mais o amar de novo? Teria ela de viver no mundo sem o Pastor, somente com a imagem de um lindo sonho desfeito? Sentir-se decepcionada por uma pessoa de quem jamais esperaria tal coisa? Perdê-lo? De repente, caindo num doloroso choro, ela olhou diretamente para o rosto dele e disse:

— Meu Senhor, se quiseres decepcionar-me, podes fazê-lo. Isso não fará diferença. Devo amar-te enquanto eu viver. Não posso viver sem te amar.

Ele colocou as mãos na cabeça dela, e então, com toque temo e afável, repetiu como que para si mesmo: — Se eu puder, posso decepcioná-la.

Naquele momento, sem mais palavras, virou-se e partiu.

Grande-Medrosa, tremendo, apanhou pequena pedra gelada no chão, colocou-a na mochila, reuniu-se a Tristeza e Sofrimento e continuaram a jornada.

Capítulo 13
NO VALE DA PRIVAÇÃO

Dissipado o nevoeiro, o sol apareceu, fazendo o caminho menos desagradável e menos difícil, o que não acontecia havia longo tempo. A trilha ainda continuava a guiá-las mais pela encosta do que para cima. Certo dia, porém, após uma curva, foram surpreendidas por um vale profundo. Esse vale lembrava, com exatidão, o começo da jornada, quando Grande-Medrosa fora guiada ao Egito.

As três pararam e se entreolharam; depois olharam para o vale e além dele, onde a subida era mais íngreme que o desfiladeiro da Injúria. Perceberam que tanto a descida como a ascensão após o Vale necessitariam não só muito esforço e coragem, mas também longo tempo.

Grande-Medrosa ficou estática, percebendo que naquele momento experimentava o mais agudo e angustiante teste de toda a jornada. Teria de se afastar do caminho uma vez mais, e em circunstâncias nunca antes tão péssimas? Elas haviam atingido agora o ponto mais alto da jornada. Se o caminho no qual caminhavam apenas subisse, sem dúvida alcançariam logo os limites da neve, nas proximidades dos Lugares Altos, onde seus inimigos não poderiam chegar e onde corriam fontes restauradoras.

Em vez disso, o caminho diante delas descia na direção de um vale mais profundo que o próprio Vale da Humilhação. Toda a altura conquistada mediante longa e tumultuosa jornada estava agora perdida. Teriam de começar tudo de novo, como haviam feito longo tempo atrás, em meio a grandes provas.

Ao avaliar a profundidade do vale, o coração de Grande-Medrosa quase parou. Pela primeira vez em toda a caminhada o desânimo foi tão avassalador que ela quase chegou a dar razão aos parentes, segundo os quais não deveria atender à voz do Pastor. Como alguém pode seguir uma pessoa tão exigente, capaz de ordenar coisas impossíveis e no final anular tudo? Se tivesse de descer ao fundo do vale, tão distante dos Lugares Altos, ela perderia tudo, pois não estaria mais próxima do seu objetivo do que quando partira do Vale da Humilhação.

Durante alguns negros momentos Grande-Medrosa realmente considerou a possibilidade de deixar o Pastor, e voltar. Ela não precisava continuar. Nada a obrigava. Com suas guias, vinha seguindo esse estranho caminho porque o Pastor o havia escolhido. Não era esse, por certo, o caminho que ela escolheria. Agora ela poderia fazer sua própria escolha. Suas tristezas e sofrimentos poderiam terminar aqui, e ela planejaria sua vida como lhe aprouvesse, sem a intervenção do Pastor.

Durante aqueles terríveis momentos ela parecia contemplar um abismo de horror: uma existência sem seguir o Pastor, sem confiar nele nem amá-lo — nada, a não ser a horrível pessoa dela própria. Era como se visse o inferno. Tornada de grande desespero, Grande-Medrosa deixou escapar um grito angustiante. As palavras não exprimem o horror daquele momento.

— Pastor! — gritou — Pastor! Pastor! Ajuda-me! Onde estás? Não me deixes!

No mesmo instante viu-se junto dele, tremendo da cabeça aos pés, e soluçando de aflição: — Tu podes fazer alguma coisa, Pastor. Pede o que quiseres, mas não me permitas voltar atrás. Oh, meu Senhor, não me permitas deixar-te. Não peças que eu te deixe nem deixe de seguir-te —. Então, enquanto continuava a implorar, disse entre soluços: — Se quiseres decepcionar-me, meu Senhor, quanto à promessa dos pés de corça, do novo nome ou de outra coisa qualquer, por certo podes fazê-lo; somente não me permitas deixar-te. Não deixes que nada me faça voltar. Este caminho parecia tão errado que eu não podia acreditar que fosse o verdadeiro — e os soluços continuaram ainda mais amargos.

Erguendo-a e amparando-a, ele mesmo enxugou as lágrimas que escorriam pelas faces dela. Depois disse com voz alegre e forte: — Não há o que discutir quanto a voltar atrás, Grande-Medrosa. Ninguém, nem mesmo seu suplicante coração pode tirá-la de minhas mãos. Não se lembra do que lhe disse antes? "Esta demora não é para a morte mas para a glória de Deus!" Você não se esqueceu da lição que vem aprendendo, esqueceu-se?

— Não é menos verdade também que o que eu faço não é conhecido agora, mas o será depois — prosseguiu. — Minhas ovelhas ouvem a minha voz e me seguem. Este caminho é o caminho certo que deve seguir, embora lhe pareça errado. E agora lhe dou outra promessa: Seus ouvidos ouvirão uma palavra, dizendo: "Este é o caminho, ande por ele"; quer vire à direita, quer vire à esquerda.

Ele fez uma pausa. Ela, sem falar, continuava apoiada nele, grata e aliviada. Ele continuou: — Suportará também isso, Grande-Medrosa? Sofrerá você mesma a perda ou a privação de tudo quanto já ganhou nesta jornada rumo aos Lugares Altos? Descerá por este caminho de perdão ao Vale da Privação somente por ser este o caminho que escolhi? Confia em mim e ainda me ama?

Ela, ainda apoiada nele, repetia de todo o coração as palavras de outra mulher também provada havia muito tempo: "Não me instes para que te deixe, e me obrigue a não seguir-te: porque aonde quer que fores, irei eu, e onde quer que pousares, ali pousarei eu; o teu povo é o meu povo, o teu Deus é o meu Deus." Após alguns segundos de silêncio, ela, gaguejando, continuou num sussurro: "Onde quer que morreres, morrerei eu e ali serei sepultada..." (Rute 1.17).

Assim, depois de outro altar erigido e de outra pedra acrescentada às demais em sua mochila, Grande-Medrosa iniciou a descida da Vale da Privação, ouvindo suas duas companheiras cantar suavemente:

> Aonde foi o teu amado,
> Ó mais formosa entre as mulheres?
> Saiu, tu sabes p'ra que lado?
> Contigo o buscaremos

O Pastor cantou os versos seguintes:

> Ele foi para o jardim
> De canteiros perfumados,
> Entre brios se alimenta,
> Aguardando nosso encontro.

Quando o Pastor concluiu, Grande-Medrosa cantou as duas últimas quadras. Ela o fez com o coração tão cheio de alegria que sua voz, em geral desafinada, tornou-se bela e doce como a dos demais.

> Desci assim ao seu jardim,
> Ao vale de botões da romã,
> Brotos na videira achei.
>
> Então meu coração explode
> Em alegria nunca vista,
> Veloz dispara, qual corcel,
> Ao vê-lo ali, à minha espera.
>
> (Cantares 6.1-3)

Considerando quão escabroso lhe parecera antes o caminho, a descida foi surpreendentemente fácil, talvez porque Grande--Medrosa desejasse de coração alegrar o Pastor. A aterradora visão de um abismo profundo, que seria a existência sem ele, a apavorara ao ponto de fazê-la sentir que jamais poderia ser a mesma de novo. Tudo isso, entretanto, abriu-lhe os olhos ao fato de que havia, nas profundezas da sua alma, ardente interesse não apenas pela promessa do Pastor, mas pela pessoa dele. Todo o desejo dela era segui-lo para sempre.

Embora outros sentimentos fortes pudessem agir à superfície de sua natureza, lá no fundo do seu ser ela estava convicta de que nada poderia preencher seu coração, a não ser a presença do próprio Pastor. "Nada mais realmente importa", disse a si mesma; "somente amá-lo e fazer-lhe a vontade. Não sei bem por que tem de ser assim, mas assim é. Sempre há sofrimento e tristeza no amor; mas, apesar de tudo, é agradável amar. Se eu cessasse de amá-lo, eu cessaria de existir." Desse modo, alcançaram rápido o Vale da Privação.

A surpresa seguinte foi que, embora o vale a princípio parecesse uma prisão, depois do puro e livre ar das montanhas, logo ele se tornou num belo e maravilhoso lugar de paz, numa região muito verde por onde, sereno, coma um rio margeado de flores.

Pareceu estranho a Grande-Medrosa que no Vale da Privação ela se sentisse mais repousada, mais tranquila e mais feliz do que em qualquer outro estágio da jornada. Também as duas companheiras pareciam ter experimentado a mesma transformação. Elas ainda lhe seguravam as mãos, mas não havia nem sofrimento nem tristeza em seu toque. Era como se andassem de mãos dadas simplesmente pelo prazer da amizade e pela alegria de estar juntas.

Elas também estavam sempre cantando, às vezes numa linguagem diferente da que aprendera com elas Grande-Medrosa; mas quando esta lhes perguntava o significado, elas simplesmente sorriam e meneavam a cabeça. Aqui está uma das muitas canções cantadas pelas três ao descerem o Vale da Privação, um cântico do velho e tão querido hinário!

> Pertenço a quem é meu, o bem amado,
> E é este seu desejo:
> Que em mim brilhe sua beleza,
> Em veste resplendente.
> Mas isto ele fará quando meu ser
> Inteiro, forno fogo refinado.
>
> Ó vem amado meu, vamos ao campo,
> O campo nos espera;
> As árvores de frutos prediletos,
> Por tuas hábeis mãos sendo podadas,

Darão frutos mais ricos, outro tanto.

Mandrágoras de odor tão delicado,
As vinhas já em flor,
As árvores de cores se recobrem,
Os pés amargos doces botões dão,
Ali, o amor jamais irei negar,
Meu fruto de prazer será dobrado.

(Cantares 7.10-13)

É verdade que Grande-Medrosa, ao olhar para as montanhas do outro lado do vale, imaginasse as dificuldades da sua ascensão. Contudo, sentia-se feliz por ter de esperar, tranquila, vagando pela planície, até ao tempo em que o Pastor determinasse. Uma coisa em particular a confortava: depois dos obstáculos e escorregões do caminho das montanhas, onde tropeçava e coxeava dolorosamente, nesta região calma e verde ela, afinal, podia andar sem tropeçar e sem sentir suas deficiências físicas.

Tudo isso lhe parecia muito estranho, já que andava pelo Vale da Privação, e que, aparentemente, estava mais distante dos Lugares Altos do que nos dias anteriores. Como o Pastor frequentemente caminhava com elas, tornando mais alegre a jornada, ela lhe perguntou sobre o significado de tudo isso, e ele, com belo sorriso, disse que aquele era um dos seus lugares favoritos de repouso. E continuou:

— Estou contente por você estar aprendendo também a apreciar o vale, mas penso que isso se deve ao altar que erigiu no topo. Ele tomou tudo mais fácil para você.

Admirada com essa observação, ela retorquiu: — Mas tenho notado que depois dos outros altares que mandaste erigir o caminho se tornava mais difícil e mais cheio de provas que antes.

De novo ele sorriu, acentuando que a maior importância dos altares está em que criam possibilidades onde aparentemente só há impossibilidades, e que fora bom que o último altar lhe tivesse trazido paz e não luta. Enquanto falava, o olhar dele era suave e, ao mesmo tempo, profundo e estranho. Era algo que ela já havia notado antes, mas que ainda não entendem. Era como se nesse olhar houvesse um quê de piedade — mas piedade não é exatamente a palavra certa; seria um olhar de maravilhosa compaixão combinada com inflexível determinação.

Quando ela descobriu isso, pensou em algumas palavras proferidas por um dos servos do Pastor lá no Vale da Humilhação, antes mesmo de ela ter sido chamada para os Lugares Altos. Esse servo havia dito: "O amor é belo, mas é também terrível — terrível na determinação de não aceitar imperfeições ou a falta de valor na personalidade da pessoa amada."

Quando ela se lembrou disso, pensou, com pequeno tremor em seu coração: "Ele nunca ficará contente enquanto eu não me tornar naquilo que ele determinou que eu seja". E como ainda era Grande-Medrosa e não estava preparada para mudar de nome, ela acrescentou com uma ponta de medo: "Imagino o que planeja fazer em seguida. E se isso me machucar demais?"

Capítulo 14

O LUGAR DA UNÇÃO

A coisa seguinte planejada pelo Pastor foi realmente bela! Não muito depois da conversa que Grande-Medrosa e o Pastor tiveram, as três concluíram o serpeado caminho e chegaram ao outro lado do vale, onde as montanhas se erguiam como verdadeiras muralhas, mais altas e escarpadas que o terrível Desfiladeiro da Injúria.

O Pastor esperava por elas ao pé das montanhas, ao lado de pequena gruta. E, oh!, justamente onde os penhascos eram mais alcantilados havia um cabo suspenso entre aquele ponto e o ponto mais alto do pico. No cabo havia duas cadeiras penduradas, nas quais duas pessoas podiam ser transportadas ao pico sem esforço algum da parte delas. A vista daquelas cadeiras aéreas balançando nas alturas fez Grande-Medrosa quase entrar em pânico. Ela sentiu que, voluntariamente, nunca seria transportada daquela maneira sobre o horrível precipício, tendo apenas um lugar para descansar os pés e nada à frente que pudesse impedi-la de cair.

Tal receio, entretanto, passou de vez diante do sorriso e das palavras do Pastor: — Venha, nós nos sentaremos na primeira cadeira e Tristeza e Sofrimento tornarão a segunda. Você não terá de fazer nada, a não ser confiar na cadeira e ser carregada em perfeita segurança lá para cima, ao lugar aonde desejo levá-la e sem nenhuma luta ou esforço de sua parte.

Tão logo Grande-Medrosa se acomodou numa das cadeiras, o Pastor sentou-se ao seu lado, e as duas companheiras ocuparam a cadeira seguinte. Num minuto eles se movimentavam seguros e serenos em direção aos Lugares Altos, que antes pareciam tão impossíveis de ser alcançados, sem terem de fazer nada a não ser descansar e desfrutar a maravilhosa paisagem! Apesar de as cadeiras balançarem um pouco, Grande-Medrosa e as companheiras não se atemorizavam nem se preocupavam; subiram até que o vale embaixo parecesse um tapete vence, e o brilho dos picos nevados do Reino do Amor surgissem como tones ao redor deles e acima deles. Logo estavam longe, acima das montanhas opostas, onde elas já haviam estado antes. Continuavam a mover-se para a frente.

Quando finalmente deixaram as cadeiras aéreas, viram-se no lugar mais lindo de toda a jornada. Apesar de ainda não haverem alcançado os Lugares Altos do Reino do Amor, haviam atingido os seus limites. Ao redor viam-se campos atapetados de flores. Pequenos riachos corriam e se espalhavam nas ribanceiras forradas de ranúnculos, enquanto botões-de-ouro, primaveras, violetas e rosadas prímulas acarpetavam o chão. Moitas de delicadas verbenas de um vermelho suave cresciam, e sobre todo o campo, como joias num manto real, cintilavam miosótis mais azuis que o céu do meio-dia.

Acima, picos nevados, como tones, apontavam para um céu sem nuvens, como se fosse um teto de safira e turquesa. O sol brilhava radiante sobre o tapete verde, no qual as flores, num desabrochar encantador, pareciam abrir suas corolas em direção ao alto e receber a glória de seus raios. Os guizos das vacas e das cabras soavam em todas as direções, e uma multidão de pássaros enchia o ar com seus trinados.

Acima, porém, de todos os ruídos, um som dominante ecoava na região toda. Es o som de poderosa cascata, cujas águas rolavam sobre grande penhasco que sobressaía entre os demais. As águas desciam das neves dos Lugares Altos. Era tão inexplicavelmente belo que nem Grande-Medrosa nem suas companheiras podiam articular palavra. Ficaram paradas, extáticas, respirando profundamente, enchendo os pulmões do ar perfumado das montanhas ornadas de pinheirais.

Enquanto andavam por ali, paravam a cada passo para tocar gentilmente as flores ou roçar os dedos nas águas dos ribeiros. Às vezes elas simplesmente paravam quietas em meio à profusão de brilho e beleza, e riam alto, possuídas de puro gozo. O Pastor levou-as pelos campos onde o capim quente e perfumado crescia quase à altura da cintura, ao lado da poderosa queda de água.

Ao pé dos penhascos, à sombra fresca e com um raio de luz a tocar-lhe a face de quando em quando, o Pastor convidou Grande-Medrosa a olhar para cima. Lá ficou ela, uma delicada figura ao pé de penhascos poderosos, observando o grande rolar das águas que se lançavam dos Lugares Altos. Nunca antes pensara ver algo tão lindo e majestoso! A altura das rochas, por sobre as quais as águas se atiravam abaixo, quase a aterrorizava Ao pé da cascata, a voz atroados das águas, que parecia quase ensurdecê-la, era ao mesmo tempo magnífica, impressionante, bela e cheia de significados que iam além da expressão.

Enquanto ouvia, Grande-Medrosa se imaginava diante das harmonias majestosas de uma orquestra completa tocando a mesma canção de todos os pequenos riachos lá embaixo, no Vale da Humilhação. Ali havia o acréscimo de milhares e milhares de vozes harmoniosas de uma beleza tão grandiosa como nunca antes ouvida nos vales, mas mesmo assim reconhecidamente a mesma canção.

> Pular, fluir, buscando os vales,
> Ao chamado sempre atentas,
> Até chegar lá embaixo, enfim.

— Grande-Medrosa — perguntou o Pastor em seu ouvido — que pensa desta grande queda d'água, no seu abandono de se dar a si mesma?

Ela estremeceu ao responder: — Estas águas são belas e terríveis acima de qualquer coisa imaginável. Nunca vi nada igual!

— Por que terríveis?

— É o salto brusco que têm de dar. É a altura da qual elas se atiram às profundezas, e se quebram nas rochas! Quase não suporto olhar para tudo isso!

— Olhe mais de perto. Deixe seus olhos seguirem parte da água desde as bordas até ao fundo. Grande-Medrosa olhou, e quase gritou de admiração. Uma vez sobre as bordas, as águas se espalhavam como asas abertas, vivas e jubilosas, tão esquecidas delas mesmas, abandonadas ao êxtase de se dar inteiramente. Ela supunha estar acompanhando com o olhar uma hoste de anjos flutuando nas asas do arco-íris, cantando com entusiasmo enquanto se iam.

Ela olhou e olhou e depois disse: — É como se elas pensassem que esse é o mais belo movimento do mundo, o dar-se e abandonar-se num arrebatamento e gozo indescritíveis.

— Sim, estou feliz por haver notado isso, Grande-Medrosa — disse o Pastor numa voz vibrante de alegria e gratidão. — Estas são as Cascatas do Amor, que fluem dos Lugares Altos do Reino além. Você se encontrará com elas de novo. Diga-me, a alegria das águas parece terminar quando se quebram nas rochas embaixo?

De novo Grande-Medrosa olhou na direção indicada por ele e notou que, quanto mais embaixo a água caía, mais brilhante se tornava, como se flutuasse sobre asas. Ao alcançarem as rochas, as águas se juntavam numa gloriosa multidão, formando exuberante e caudalosa torrente a correrem triunfo sobre as rochas e ao redor delas.

Rindo e gritando acima de suas vozes, elas corriam apressadas ainda mais abaixo, mais abaixo e se espalhavam pelos campos até ao próximo precipício, à próxima gloriosa crise de dar-se. Ali elas se juntavam de novo e se atiravam aos vales distantes. Longe de sofrer as batidas nas rochas, seguiam como se todo O obstáculo no leito da torrente fosse bela oportunidade de encontrar caminho sobre ele ou ao redor dele. Em todo lugar havia o som jubiloso das águas rindo, exultando e aclamando.

— À primeira vista talvez o salto pareça terrível — explicou o Pastor — mas, como pode notar, a água nada vê de terrível. Nenhum momento de hesitação ou tremor, só alegria intensa, cheia de glória, porque esse é o movimento natural. Dar de si é a sua vida. Há um desejo somente: descer, descer, e dar-se sem reserva e sem esperar qualquer compensação. Como vê, enquanto ela obedece a esse glorioso apelo, os obstáculos, a princípio tão terríveis, se tornam perfeitamente inofensivos, e ainda acrescentam algo à alegria e glória do movimento.

Ao dizer essas palavras, ele guiou Grande-Medrosa e as companheiras aos campos ensolarados e gentilmente falou-lhes que deviam descansar ali em preparação para a última parte da jornada.

Ao ouvir as palavras "a última parte da jornada", Grande-Medrosa quase desfaleceu de felicidade. Além do mais, o Pastor mesmo permaneceu lá com elas o tempo todo. Nem por uma só hora delas se afastou, mas com elas andou e falou. Ao ensinar-lhes muita coisa acerca do Reino, era como se graça fluísse de seus lábios e doces unguentos e fragrâncias se difundissem por onde ele passava. Quão grata Grande-Medrosa ficaria se pudesse passar o resto de sua vida ali. Ela nem se preocuparia mais em alcançar os Lugares Altos, a não ser por causa dos pés aleijados, da boca torta e do coração ainda medroso.

Não queria isso dizer, entretanto, que o sol brilhava sempre ali, nos limites dos Lugares Altos. Havia dias de nevoeiro em que todos os picos permaneciam velados por uma cortina de nuvens tão densas que, nessa ocasião, um estranho ao lugar nunca imaginaria a existência, ao seu redor, de picos como altas torres avançando para o claro céu azul bem no alto, acima das nuvens.

De quando em quando, entretanto, abria-se uma fenda no denso nevoeiro, como moldura numa janela, através da qual se entrevia um dos picos como a dizer: "Coragem! nós estamos todos aqui, mesmo que vocês não nos possam ver." Outra vez o nevoeiro se fechava e a janela do céu desaparecia.

Numa dessas ocasiões o Pastor preveniu Grande-Medrosa:
— Ao continuar a jornada você encontrará nevoeiro e muita nuvem. Talvez até lhe pareça sonho ou fruto da sua imaginação tudo o que viu e conheceu aqui a respeito dos Lugares Altos. Mas você viu a realidade. O nevoeiro que parece envolver tudo é a ilusão.

— Creia firmemente em tudo o que tem visto. Mesmo que o caminho lhe pareça obscuro e seja levada a duvidar da veracidade dele, lembre-se desta promessa: "Teus ouvidos ouvirão uma palavra dizendo: este é o caminho, anda por ele quando virares para a direita e quando virares para a esquerda."

Siga sempre em frente pelo caminho da obediência, sem dele se desviar, até que eu intervenha, mesmo que ele pareça levá-la aonde ache que eu nunca a permitiria ir.

E continuou: — Lembre-se do que viu antes do nevoeiro se fechar. Nunca duvide de que os Lugares Altos estão lá, acima de você, com as torres erguidas para o céu. Esteja certa de que, aconteça o que acontecer, eu a levarei lá tal como prometi.

Após ele dizer essas palavras, outra janela apareceu na cortina de nevoeiro, e um dos picos dos Lugares Altos surgiu com o céu azul brilhando sobre ele. E antes que a confina se fechasse, Grande-Medrosa apanhou uma genciana que crescia ali aos seus pés e guardou-a como lembrança do que havia presenciado, pois, disse consigo mesma: "Estas plantas por certo crescem nas encostas mais baixas dos Lugares Altos. Esta flor será a prova de que apesar dos picos se tornarem invisíveis de novo, eles estão lá todo o tempo."

No último dia delas ali, o Pastor fez algo maravilhoso. Ele chamou Grande-Medrosa à parte e a transportou a um dos picos dos Lugares Altos — no próprio Reino do Amor. Levou-a a um alto e reluzente cume branco, erguido como grande trono com um sem-número de outros picos agrupados ao redor.

No topo dessa montanha o Pastor transfigurou-se diante dela. Ela o reconheceu da maneira como o sentia sempre, todo o tempo — o próprio Rei do Amor, o Rei de todo o Reino do Amor. Sua roupa era branca, brilhante em toda a sua pureza; sobre essa roupa ele trazia um manto de púrpura, azul e escarlate, guarnecido com ouro e pedras preciosas. Na cabeça, uma coroa real. Enquanto, reverente, Grande-Medrosa se curvava e se ajoelhava para adorá-lo, o rosto dele era o próprio rosto do Pastor a quem ela havia amado e seguido desde os vales mais profundos até às alturas. Seus olhos eram, ao mesmo tempo, cheios de ternura, de poder e de autoridade.

Estendendo a mão, o Pastor ergueu-a nos braços e a levou ao topo mais alto do pináculo, de onde podiam ver todo o reino ao redor. Em pé ao lado dele e quase inconsciente de tão feliz, Grande-Medrosa olhou para todo o Reino do Amor. Longe, bem longe estavam os vales e as planícies, o grande mar e o deserto. Ela achou que podia reconhecer o próprio Vale da Humilhação, no qual havia vivido tanto tempo e aprendido a conhecer o Pastor, mas isso lhe parecia tão distante como a lembrança de outra existência.

Ao seu redor, em todas as direções, viam-se os picos nevados dos Lugares Altos. Ela podia ver os sopés de todas essas montanhas alcantiladas. Nas alturas, toda a região se revestia de florestas, com as encostas verdes e os cumes brancos de neve. Para onde quer que olhasse, flores alvas como a neve, cujas pétalas semitransparentes brilhavam à luz do sol com um reflexo bronzeado, cobriam todas as encostas naquela estação do ano.

No coração de cada flor havia uma coroa de puro ouro. Essas multidões vestidas de bronco perfumavam as encostas dos Lugares Altos com uma doce fragrância que lhe era inteiramente nova. Todas as flores tinham as faces e coroas douradas viradas para baixo, como se olhassem na direção dos vales, multidões e multidões delas, as quais homem algum poderia contar, como "uma grande nuvem de testemunhas", todas paradas como se estivessem observando o mundo lá embaixo. Por onde o Rei e sua companheira passavam, as florzinhas brancas curvavam-se aos pés deles e erguiam-se novamente, flutuantes e imaculadas, exalando perfume mais doce e precioso que antes.

No ponto mais alto do pináculo, para onde ele a guiou, havia um altar de ouro puro. Seu esplendor ao sol era tal que ela não conseguia fitá-lo. Ela percebeu fogo no altar, e uma nuvem de incenso subindo e deixando no ar sua doce fragrância.

Naquele momento o Rei pediu-lhe que se ajoelhasse, e, com uma tenaz de ouro, apanhou uma brasa viva do altar e com ela tocou os lábios de Grande-Medrosa, dizendo: "Eis que ela tocou os teus lábios; a tua iniquidade foi tirada, e perdoado o teu pecado" (Isaías 6.7).

Parecia-lhe que uma chama de fogo, tão bela e ao mesmo tempo tão terrível de suportar, tivesse percorrido todo o seu ser. Ela perdeu a consciência e de nada mais se lembrou.

Pouco mais tarde, ao voltar ela a si, o Pastor a levava nos braços de volta à região limítrofe dos Lugares Altos. As vestes reais e a coroa real haviam desaparecido, mas algo na expressão do rosto dele permaneceu, e a aparência de grande autoridade e poder. Acima deles se erguiam os picos, ao passo que, lá embaixo, tudo estava envolto em nevoeiro.

Ao vê-la completamente refeita, o Pastor a conduziu pela mão através de um bosque envolto no nevoeiro, onde as árvores eram escassamente visíveis e nenhum som se ouvia, exceto o de gotas d'água caindo ao chão. Quando chegaram ao meio do bosque, um pássaro, que eles não podiam ver por causa do nevoeiro, começou a cantar alto, numa série de trinados repetidos, uma melodia indescritivelmente doce. Os trinados pareciam formar uma frase constantemente repetida, cujo final soava como pequeno gargalhar. Eis a canção:

Dele é a vitória, hurra!
Dele é a vitória, hurra!

O bosque cantava com notas jubilosas, enquanto ambos, entre as frondosas árvores, permaneciam calados, escutando.

— Você teve uma visão rápida do Reino para o qual vou levá-la, Grande-Medrosa. Amanhã você e suas companheiras começarão a última parte da jornada–. Então, com maravilhosa ternura, ele proferiu palavras que pareciam gloriosas demais para ser verdade:

"Conheço as tuas obras — eis que tenho posto diante de ti uma porta aberta, a qual ninguém pode fechar — que tens pouca força, entretanto guardaste a minha palavra, e não negaste o meu nome. Eis farei que alguns dos que são da sinagoga de Satanás, desses que a si mesmos se declaram judeus, e não são, mas mentem, eis que os farei vir e prostrar-se aos teus pés, e conhecer que eu te amei. Porque guardaste a palavra da minha perseverança, também eu te guardarei da hora da provação que há de vir sobre o mundo inteiro, para experimentar os que habitam sobre a terra. Venho sem demora. Conserva o que tens, para que ninguém tome a tua coroa. Ao vencedor, fá-lo-ei coluna no santuário do meu Deus, e daí jamais sairá; gravarei também sobre ele o nome do meu Deus, o nome da cidade do meu Deus, a nova Jerusalém que desce do céu, vinda da parte do meu Deus, e o meu novo nome" (Apocalipse 3.8-12).

Foi então que Grande-Medrosa, com sua mão segura na dele, tomou coragem e lhe perguntou algo que nunca antes perguntara: — Meu Senhor, é chegado o tempo de cumprires a promessa que me fizeste?

Ele respondeu muito gentil e alegre: — Sim, o tempo está próximo. Alegre-se. Se for pelo caminho à sua frente, logo receberá a promessa, e eu satisfarei o desejo de seu coração. Não está longe agora, Grande-Medrosa.

Assim eles permaneceram no bosque envolvido pela neblina. Ela, agitada no íntimo pela esperança, e incapaz de dizer uma só palavra, adorava e bendizia como se tivesse tido uma visão, ou como se tudo já tivesse acontecido. Havia, na face dele, uma expressão que ela não pôde entender, embora já a tivesse notado antes; mas ela estava por demais transbordante de felicidade, até mesmo para olhar para o rosto do Pastor. Lá no alto, acima de frondosas árvores, o pássaro tomou a cantar sua jubilosa canção: "Dele é a vitória! hurra!" Naquele momento, através de repetidos trinados, ele disse: "Hurra! hurra! hurra!"

Em pouco tempo alcançaram os campos, nos quais Tristeza e sua irmã esperavam. Era tempo de prosseguir a jornada. Depois de o Pastor abençoá-las, e antes que se virasse e seguisse seu caminho, Sofrimento e Tristeza se ajoelharam de repente diante dele e perguntaram suavemente:

— Senhor, que lugar é este onde estivemos descansando e nos refazendo durante estes dias?

— Este é o lugar para onde trago meus amados, a fim de ser ungidos e preparados para a sepultura — respondeu calmo.

Grande-Medrosa não ouviu essas palavras, pois andava um pouco à frente, repetindo e repetindo: "Ele disse: 'Ouse alegrar-se, pois o tempo não está longe agora, e eu lhe darei o desejo do seu coração'".

Capítulo 15

AS ENCHENTES

O caminho não ia diretamente para os Lugares Altos, mas seguia pelas encostas da montanha, região coberta por nevoeiro ainda mais denso que os anteriores. As três caminhavam em silêncio, cada qual ocupada com seus próprios pensamentos. Grande-Medrosa pensava na recente promessa do Pastor. "Eis que voltarei breve... e dar-lhe-ei o desejo do seu coração." Sofrimento e Tristeza talvez pensassem na resposta do Pastor à pergunta que haviam feito antes de partir. Sem nenhuma indicação especial, as guias, em completo silêncio, procuravam dar à companheira aleijada a maior assistência possível.

À tardinha encontraram, à margem do caminho, uma cabana de madeira em cuja porta havia o sinal secreto do Pastor. Elas entenderam que ali deveriam descansar e passar a noite.

Uma vez dentro, notaram que alguém estivera ali recentemente, pois no fogão aceso havia uma chaleira com água quase a ferver. A mesa também estava preparada com três lugares, e sobre ela um suprimento de pão e frutas. Por certo as viajantes eram esperadas, embora nenhum sinal houvesse de quem teria preparado tão gentil recepção. Elas se banharam, sentaram-se à mesa, deram graças e se serviram do alimento. Então, cansadas como estavam, deitaram-se e caíram logo num sono profundo.

Quando Grande-Medrosa de repente despertou, ainda estava escuro e suas companheiras dormiam pacificamente. Teve a impressão de que alguém a chamava, e permaneceu em silêncio. Então ouviu:

— Grande-Medrosa!

— Eis-me aqui, meu Senhor!

— Grande-Medrosa, tome agora a promessa que lhe fiz quando a chamei para seguir-me aos Lugares Altos. Tome também o desejo natural do amor humano, desse amor acerca do qual você sentiu que já estava brotando em seu coração quando plantei em você o meu próprio amor. Suba a montanha, ao lugar que lhe mostrarei, e ofereça-os a mim em sacrifício.

Houve longo silêncio antes que a voz trêmula de Grande-Medrosa respondesse através da escuridão.

— Meu Senhor, estarei entendendo tuas palavras? — Sim. Venha agora à entrada da cabana e lhe mostrarei por onde deverá ir.

Sem acordar as companheiras, ela saiu da cabana. Tudo estava encoberto pelo nevoeiro e pela escuridão, inclusive as montanhas. De repente o nevoeiro se abriu em determinado ponto, como que formando pequena janela, através da qual apareceram, brilhando, a lua e as estrelas. Pouco abaixo delas havia um pico nevado, brilhante, e ao pé dele uma rocha sobre a qual grande volume d'água caía e se esparramava encostas abaixo. Só a parte superior da rocha, sobre a qual a água caía, era visível; tudo o mais estava envolto na névoa.

— Aquele é o lugar indicado — disse a voz.

— Sim, meu Senhor. Eis-me aqui; sou tua serva e farei conforme a tua palavra.

Ela não se deitou de novo, mas permaneceu à porta da cabana esperando o alvorecer. Parecia-lhe que a voz da cascata enchia agora toda a noite e ecoava no seu trêmulo coração, gritando por toda a parte e repetindo, repetindo: "Tome agora a promessa que eu lhe fiz, e o amor humano natural de seu coração e ofereça-os a mim em sacrifício."

Com os primeiros sinais do amanhecer ela se curvou sobre as companheiras e disse: "Devemos sair agora. Recebi ordem para subirmos à cascata."

Elas se levantaram imediatamente e, depois de rápida refeição, começaram a subida em direção à voz atroadora da cascata, que também estava envolta no nevoeiro. O caminho se tornava cada vez mais escabroso à medida que subiam e as horas passavam. Ao longe, relâmpagos fendiam a cortina de névoa com seus fachos de luz, e trovões ribombavam.

De repente, já bem no alto do caminho, ouviram o som de passos que desciam correndo, escorregando e resvalando por pedras e rochas. Assustadas, elas pararam, unidas, e se encostaram no barranco a fim de dar passagem a quem vinha tão apressado. Naquele momento, do meio da cerração surgiu Covardia, depois Amargura, Ressentimento e Orgulho; mais atrás vinha Autopiedade.

Eles corriam como se quisessem salvar suas próprias vidas, e ao alcançarem as mulheres, gritaram: "Voltem, voltem de uma vez! As avalanches estão rolando e toda a encosta da montanha se sacode como se fosse ruir. Salvem-se! Salvem-se enquanto é tempo!"

Sem esperar resposta, continuaram correndo e tropeçando montanha abaixo.

— Que faremos? — perguntaram Sofrimento e Tristeza, aparentemente atemorizadas pela primeira vez. — Seria melhor voltarmos à cabana e esperarmos que as avalanches e a tempestade se acalmem?

— Não — respondeu Grande-Medrosa com voz baixa e segura, falando pela primeira vez desde a partida da cabana. — Não, não devemos voltar. Recebi ordem para subir até ao lugar onde a grande cascata se despeja sobre determinada rocha.

Logo ouviram uma Voz junto delas: "Há um lugar preparado para vocês ao lado do caminho. Esperem ali até que passe a tormenta."

No barranco rochoso, próximo de onde estavam, viram pequena gruta, tão baixa que tiveram de entrar curvadas. Como o espaço era pequeno, elas se assentaram encolhidas, bem juntinhas, enquanto a tempestade desabava com fúria terrível! Os relâmpagos ziguezagueavam incessantemente, e ruído dos trovões e das rochas rolando na avalanche ecoava nas montanhas.

Os ventos uivantes faziam que tudo, na montanha, se estremecesse à sua passagem. A chuva, caindo como tromba d'água, descia em massa pelos penhascos, formando entre as rochas verdadeiras correntes que vinham cair à entrada da gruta em forma de cortina, fechando-lhe inteiramente a entrada, sem que uma só gota atingisse as três caminhantes.

Elas permaneceram ali durante longo tempo, pois a tempestade, longe de amainar, parecia aumentar em força. Grande-Medrosa, em silêncio, levou a mão ao peito e retirou a mochila que sempre trazia consigo. Esvaziando-a no colo, olhou para as pedras, recolhidas de todos os altares por ela erigidos durante a jornada, desde que, à beira do lago, permitira ao Pastor plantar o espinho em seu coração. Eram elas memoriais de toda a jornada, até ao momento de se ver encolhida numa pequena gruta sobre a qual a montanha inteira parecia pronta a desabar. Nada lhe restara, senão a ordem para oferecer ao Pastor a promessa sobre a qual ela se firmara, e cuja força a havia impulsionado desde o início da sua peregrinação.

Ela observou a coleção de pedras no seu colo e se perguntou, desanimada: "Devo jogá-las fora? Não serão promessas sem valor que ele me fez durante a caminhada?" Então, com dedos gelados, ela tomou a primeira pedra e repetiu as primeiras palavras por ele proferidas ao lado do lago: "Eu farei seus pés como os da corça, e a farei andar altaneiramente" (Habacuque 3.19). Ela segurou a pedra durante longo tempo, e então disse, devagar: "Eu não recebi ainda pés de corça, mas estou em lugares altos como nunca imaginei fosse possível alcançar. Se eu morrer aqui, que importa? Não jogarei esta pedra fora."

Ela colocou a pedra de volta na mochila, apanhou a seguinte e repetiu: "O que eu faço não o sabes agora, mas o compreenderás depois" (João 13.7). E com um suspiro disse: "Pelo menos a metade de tudo isso é verdade, e quem saberá se a outra metade virá ou não a sê-lo? — mas não a jogarei fora."

Tomando a terceira pedra, ela citou: "Esta enfermidade não acabará em morte, mas é para a glória de Deus" (João 11.4). "Não para a morte" repeliu ela. "Embora ele diga: 'Ofereça a promessa em sacrifício?'" Mas Grande-Medrosa depositou a pedra de volta na mochila e apanhou a quarta. "Acaso é esmiuçado o cereal? Não; o lavrador nem sempre o está debulhando, nem sempre está fazendo passar por cima dele a roda do seu carro..." (Isaías 28.28). "Eu não posso me desfazer desta", disse, recolocando-a na mochila e apanhando a quinta: "Não poderei eu fazer de vós como fez este oleiro...?" (Jeremias 18.6). "Sim", disse ela, e colocou a pedra na mochila.

Tomando a sexta pedra, ela repetiu: "ó oprimida, arrojada com a tormenta e desconsolada! Eu te construirei com pedras de turquesa..." (Isaías 54.11). Ela não conseguiu continuar, e começou a chorar amargamente. "Como poderia eu desfazer-me desta pedra?" ela se perguntou enquanto a colocava na mochila com as demais, e apanhava a sétima.

"As minhas ovelhas ouvem a minha voz;... e elas me seguem" (João 10.27). "Deverei eu jogar esta fora?" perguntou a si própria. "Tenho eu realmente ouvido a sua voz ou me tenho decepcionado o tempo todo?" Lembrando-se do rosto do Pastor quando ele lhe fez essa promessa, ela recolocou a pedra na mochila, dizendo: "Guardarei esta pedra. Como poderei dispor dela?" e apanhou a oitava.

"Agora verás o que hei de fazer" (Êxodo 6.1). Lembrando-se do precipício que lhe parecera terrivelmente intransponível, e de como ele a conduzira ao topo, ela colocou a pedra com as outras e apanhou a nona.

"Deus não é homem para que minta... Porventura, tendo ele dito, não o fará? Ou, tendo falado, não o realizará?" (Números 23.19). Por longo tempo permaneceu assentada, trêmula com aquela pedra na mão, mas afinal disse: "Eu lhe dei a única resposta possível quando lhe disse: 'Se tu podes decepcionar-me, faze-o'." Então ela depositou a pedrinha gelada na mochila e apanhou a décima.

"Os teus ouvidos ouvirão a palavra que será dita atrás de ti: Este é o caminho; andai por ele" (Isaías 30.21). Ela se estremeceu com essas palavras, mas depois de algum tempo acrescentou: "Tens pouca força, entretanto... não negaste o meu nome... Guarda o que tens, para que ninguém tome a tua coroa" (Apocalipse 3.8,11). Recolocou a décima pedra na mochila e depois de longa pausa, apanhou uma pedra feia e pequena, que estava no chão da gruta, e a colocou com as outras dez, dizendo: "Ainda que ele me mate, nele esperarei" (Jó 13.15). Fechando e amarrando a mochila, ela disse: "Mesmo que tudo no mundo me diga que elas não têm valor, não me desfarei delas". E colocou a mochila no seu lugar, junto ao peito, perto do coração.

Tristeza e sua irmã estavam sentadas em silêncio ao lado dela, observando-a atentamente enquanto ela mexia com as pedras no colo. Ambas sorriram de modo estranho, um sorriso como de alívio e gratidão, enquanto diziam juntas: "Desceu a chuva, transbordaram os rios, sopraram os ventos e bateram contra aquela casa; contudo, ela não caiu, porque estava edificada sobre a rocha" (Mateus 7.25).

Por esse tempo o ribombar do trovão e o atroar das avalanches haviam morrido ao longe. A chuva havia cessado, e a cascata não jorrava mais suas águas sobre as rochas. Restava somente uma névoa muito leve. Ao olhar para fora da gruta, Grande-Medrosa ouviu, vindo das profundezas da névoa, o claro e jubiloso trinado de um pássaro. Devia ser irmão daquele que antes havia cantado ao pé dos Lugares Altos:

"Dele é a vitória, hurra!
Dele é a vitória, hurra!"

Ao chegarem aos ouvidos de Grande-Medrosa as notas puras do trinado, o gelo do coração dela começou a derreter-se. Ela apertou as mãos convulsivamente contra a mochila de pedras, como se ali estivessem tesouros preciosos que pensava haver perdido, e disse às companheiras: — A tempestade passou. Agora podemos seguir nosso caminho.

Desse lugar em diante o caminho tornou-se tão difícil e estreito que Grande-Medrosa necessitava apoiar-se nas mãos e nos joelhos se quisesse prosseguir. Em todo o caminho ela se alimentava da certeza de que quanto mais andasse, mais perto estaria dos Lugares Altos; e de que quanto mais forte se sentisse, menos tropeçaria; isso, porém, era o que ela imaginava.

Quanto mais alto subiam, mais consciente Grande-Medrosa se tornava de que perdia as forças; e quanto mais fraca se sentia, mais tropeçava. Ela se admirava de que o mesmo não acontecesse às companheiras, pois quanto mais alto iam, mais fortes e vigorosas elas se mostravam. Era bom esse fortalecimento das guias, pois estas, muitas vezes, quase tiveram de carregar a jovem, tal o seu estado de fraqueza e exaustão. Por isso o progresso era pequeno e lento.

No segundo dia de jornada elas chegaram a um planalto, formado por pequena depressão na encosta da montanha. Um riacho, que nascia entre as pedras, corria através do planalto e descia a montanha. Ao pararem para descansar, a Voz disse a Grande-Medrosa: "Beba da água do ribeiro e sinta-se fortalecida."

Aproximando-se do riacho a borbulhar entre as rochas, ela encheu a boca de água; porém, assim que a engoliu, sentiu-a tão amarga e ardente que o seu estômago a rejeitou. Era impossível retê-la. Ela se ajoelhou ao lado do riacho e disse muito calma e serena:

— Meu Senhor, não é que eu não queira; mas não posso beber deste cálice.

— Há uma árvore que cresce ao lado deste ribeiro de Mara — respondeu a Voz. — Quebre um pedaço do seu galho, mergulhe-o nas águas e elas se tornarão doces.

Grande-Medrosa olhou para a margem do riacho e viu pequeno espinheiro com um só galho crescendo do tronco e tomando a forma de uma cruz. Estava coberto de espinhos longos e pontiagudos.

Sofrimento foi lá, quebrou um pedaço do galho, trouxe-o e o deu a Grande-Medrosa, que o mergulhou na água. Depois disso ela se debruçou e tomou da água. Desta vez ela sentiu que o amargor e o ardor haviam desaparecido. Embora a água não fosse doce, poderia facilmente ser ingerida. Sedenta, ela a tomou, sentindo as propriedades restauradoras do precioso líquido, pois a sensação de frescor e fortalecimento era patente. Então ela apanhou, à margem do riacho de Mara, a sua décima segunda pedra e a guardou na mochila.

Depois de terem descansado um pouco, Grande-Medrosa, reconfortada, achou que podiam recomeçar a jornada, pois, por algum tempo, ela se sentia forte, apesar do caminho parecer mais escabroso do que antes. A restauração das suas energias confortou-a grandemente, pois naquele momento um só desejo havia em seu coração: alcançar o lugar indicado e cumprir a ordem recebida, antes de suas forças faltarem.

No terceiro dia, "elas ergueram os olhos e viram o lugar distante", o grande penhasco e a grande queda d'água. Continuando o caminho rochoso, ao meio-dia chegaram, por entre o denso nevoeiro, ao lugar que lhes havia sido indicado.

Capítulo 16

SEPULTURA NAS MONTANHAS

O caminho que as três seguiam terminava à beira de um abismo. Embora o denso nevoeiro, cobrindo tudo, impedisse o cálculo tanto da profundidade como da largura dessa enorme depressão, esta parecia tão larga quanto a vista podia alcançar. Era como imensa sepultura, de fauces escancaradas, pronta a tragá-las e impedi-las de prosseguir a jornada. Por um momento Grande-Medrosa, estancada à beira do precipício, ficou a imaginar que lugar seria esse. Como ouviam o barulho de água caindo, imaginaram que estivessem à beiro da grande cascata mencionada pelo Pastor.

Olhando para as companheiras, Grande-Medrosa perguntou suavemente:

— Que faremos agora? Saltaremos para o outro lado? — Não. Seria impossível!

— Que faremos então?

— Temos de saltar para dentro do abismo.

— Naturalmente — concluiu Grande-Medrosa — não imaginei isso a princípio, mas é justo o que temos de fazer.

Naquele momento, pela última vez nessa viagem (apesar de ela não ter conhecimento disso na ocasião) ela ergueu as mãos na direção das companheiras em busca de auxílio. Ela estava tão fraca e exausta que, em lugar das guias lhe segurarem as mãos, elas se achegaram e a ampararam. Assim as três, unidas, mergulharam na sepultura aberta.

O lugar em realmente profundo. Embora as fortes companheiras dessem pequena importância ao salto, Grande-Medrosa sentiu que, se estivesse sozinha, por certo teria se ferido muito. Graças ao fato de sua queda haver sido suavizada, ela sofreu apenas pequena contusão, além do já esperado susto. Em virtude de nada, lá embaixo, ser claramente visível por causa da névoa, elas avançaram devagar, tateando, até encontrarem uma rocha achatada e oblonga. Examinando-a mais de perto, descobriram tratar-se de uma pedra de altar. Perceberam também a figura indistinta de um homem em pé, atrás do altar.

"Este é o lugar", disse Grande-Medrosa suavemente. "É aqui que devo oferecer-me em sacrifício." Aproximou-se do altar e ajoelhou-se. "Meu Senhor", disse ela ainda suavemente através do nevoeiro, "podes vir agora e ajudar-me neste sacrifício? Não foi o que me ordenaste?"

Esperou, esperou e, pela primeira vez em toda a jornada, nenhuma resposta se fez ouvir — nenhuma resposta afinal — e o Pastor não apareceu.

Ali, ajoelhada, sozinha, no frio, no chão úmido ao lado do desolado altar, naquele vale de sombra, começou a lembrar-se das palavras que lhe atirara Amargura tempos atrás, nas praias da Solidão: "Cedo ou tarde, quando ele a tiver nos lugares agrestes das montanhas, ele a colocará numa cruz e a abandonará."

Parecia agora que, de algum modo, Amargura tinha razão, pensava Grande-Medrosa, mas com uma diferença: naquele tempo ele era muito ignorante e ela muito tola para entenderem que em todo o mundo só uma coisa realmente importava: fazer a vontade daquele a quem ela amava e seguia, fosse qual fosse o preço ou o envolvimento. Mas era estranho, e bastante, que ao ajoelhar-se ante o altar, aparentemente abandonada a essa última e tremenda crise, não ouvisse sequer um som nem um sinal da presença dos inimigos.

A sepultura nas montanhas, bem ao pé dos Lugares Altos, estava além do alcance de Orgulho, Amargura, Ressentimento e Autopiedade, sim, e de Covardia também. Era como se ela estivesse em outro mundo, pois eles nunca poderiam se atirar naquele abismo. Ajoelhada ali, não sentia nem desânimo nem esperança. Sabia agora, sem sombra de dúvida, que não haveria Anjo algum a ser chamado do céu para dizer que o sacrifício não precisava ser feito. Nada disso lhe trouxe terror ou tremor.

O que ela sentiu foi apenas grande tranquilidade em que um só desejo existia: fazer o que ele ordenara, simplesmente porque ele assim o queria. O frio, a desolação que havia enchido seu coração na gruta havia desaparecido completamente. Ardia-lhe na alma uma chama perseverante, a chama do desejo de fazer a vontade dele. Tudo o mais morrera e se transformara em cinzas.

Grande-Medrosa esperou um pouco, e, como o Pastor não aparecia, apesar do seu quase desfalecimento, com esforço supremo ela tentou arrancar com a mão o amor humano natural que com tanto anelo crescia em seu coração. Ao primeiro toque foi como se a angústia atravessasse cada nervo e cada fibra de seu corpo. Sentiu uma pontada dolorosa de desalento, pois as raízes, tão profundas e tão entrelaçadas por todo o seu ser, pareciam impossível de ser arrancadas. Embora colocasse toda a sua energia num desesperado esforço, ela não conseguiu mover nem uma só fibra da raiz.

Pela primeira vez sentiu algo parecido com medo e pânico. Ela não conseguia fazer o que ele lhe havia pedido que fizesse. Tendo afinal alcançado o altar, não tinha forças para obedecer. Virou-se para as guias e pediu ajuda; pediu-lhes que fizessem por ela o que ela não conseguia fazer. arrancar a planta de seu coração. Pela primeira vez Sofrimento e Tristeza se negaram a atender a um pedido seu.

— Temos feito tudo por você, mas isso não podemos fazer — foi a resposta delas.

Nesse mesmo instante, o vulto que se postava atrás do altar deu uns passos à frente e disse calmo:

— Sou o sacerdote deste altar e posso arrancar a planta do seu coração, se você quiser.

Grande-Medrosa virou-se e olhou para ele instantaneamente: — Oh! obrigada! Por favor, faze isso para mim. Ele postou-se ao lado dela, tendo a forma indistinta por causa do nevoeiro, e ela continuou: — Eu sou uma grande covarde. Tenho medo de, por causa da dor, tentar impedir o teu trabalho. Por isso gostaria que me amarrasses ao altar de maneira que eu não possa me mover. Pode ser? Eu não gostaria de lutar quando o desejo de meu Senhor se estiver realizando.

Por uns momentos houve completo silêncio na imensa sepultura envolta no nevoeiro. Então o sacerdote respondeu: — Muito bem. Você tem razão. Eu a amarrarei ao altar.

Depois de ser amarrada pelas mãos e pelos pés, Grande-Medrosa levantou o rosto na direção dos Lugares Altos, quase invisíveis, e falou serena através da névoa: "Onde quer que morreres, morrerei eu e ali serei sepultada. Faça-me o Senhor o que bem lhe aprouver, se outra coisa que não seja a morte me separar de ti'." (Rute 1.17).

Ainda reinava o silêncio, um silêncio sepulcral, pois na realidade ela se encontrava na sepultura de suas próprias esperanças, ainda sem os prometidos pés de corça, ainda do lado de fora dos Lugares Altos, com apenas a promessa de seu próprio sacrifício no altar. Este era o lugar para onde a longa jornada a havia guiado. E uma vez mais, antes de fazer a sua rendição, ela repetiu a gloriosa promessa que havia sido a causa de sua partida rumo aos Lugares Altos. "O Senhor é a minha força; torna os meus pés como os das corças e me faz andar sobre os lugares altos" (Habacuque 3.19).

O sacerdote colocou a mão direto dentro do coração de Grande-Medrosa. Ouviu-se o som de rendição e entrega, e o amor humano, com as miríades de raízes e fibras vieram para fora.

Ele o segurou por um momento, e então disse: "Sim, a planta estava madura e pronta para ser removida; estava em tempo. Não ficou uma só fibra de raiz. Tudo foi arrancado."

Ao dizer isso, atirou a planta sobre o altar e estendeu as mãos sobre ela. Naquele momento, de algum lugar, surgiu uma chama que pareceu fender o altar. Depois disso, nada restou ali, senão as cinzas. Nem o amor plantado de modo tão profundo em seu coração, nem a tristeza e o sofrimento que a haviam acompanhado nessa longa e estranha jornada permaneceram. Uma sensação de enorme e irresistível descanso e paz tomou conta de Grande-Medrosa. Afinal, a oferta fora feita, e nada mais restava. Quando o sacerdote a desamarrou, ela se curvou sobre as cinzas do altar e disse em completa gratidão: "Está consumado."

Então, exausta, adormeceu.

Segunda Parte

"A alegria vem pela manhã"

(Salmos 30.5)

Capítulo 17

CORRENTES RESTAURADORAS

Quando afinal Grande-Medrosa acordou, o sol ia alto no céu. Do lugar onde estava deitada ela olhou para fora, através da entrada da gruta, e percebeu que tudo brilhava à luz de um sol radiante, que iluminava cada objeto com a sua glória. Grande-Medrosa continuou deitada mais alguns minutos, coordenando os pensamentos e procurando lembrar-se do lugar onde se encontrava.

A gruta, aquecida pelos raios de sol, estava silenciosa, envolta na doce fragrância de nardo, incenso e mirra que emanava das roupas de Grande-Medrosa. Ela empurrou gentilmente as cobertas, sentou-se e tentou pensar. Então a lembrança de tudo o que havia acontecido veio-lhe à mente.

Ela e as duas companheiras haviam chegado a uma depressão coberta de nuvens, no alto das montanhas, no fundo da qual havia um altar de sacrifícios. O sacerdote havia arrancado do seu coração a flor do amor humano e a havia queimado sobre o altar. Ao lembrar-se disso, ela olhou para o seu peito e o viu coberto com um pano embebido em essências, cujo perfume enchia o ambiente de doçura. Ela puxou o pano, um tanto curiosa, e admirou-se de não encontrar um só traço de ferimento, nem cicatriz. Também não havia dor ou entorpecimento em qualquer parte do corpo.

Levantou-se em silêncio, saiu à porta da gruta e ali permaneceu absorta. A enorme sepultura, antes toda envolvida na neblina e onde tudo era indistinto, brilhava agora à dourada luz do sol. Macia e verdejante, a relva crescia em toda a parte, forrada de gencianas e outras variedades de flores salpicadas, como pequenas joias preciosas. O perfumado tomilho, o musgo e a murta espalhavam-se pelos barrancos rochosos, nos quais brilhavam gotinhas de orvalho. No centro, a longa pedra do altar, onde ela havia sido sacrificada, aparecia rodeada de flores, musgos e relva verdejante. Passarinhos saltitavam aqui e acolá estourando as gotinhas de orvalho da relva e pipilando alegremente enquanto sacudiam belas plumagens. Um deles, empoleirado no altar, arfava o pequenino peito trinando alegre canção.

Porém, mais belo e maravilhoso que tudo era o rio a correr debaixo da pedra do altar. Esse grande "rio de água cristalina" formava cascatas, deixava grandes poças entre as rochas, e rolava através da depressão, saltando sobre rochas maiores com grande rumor e alegria. Ela estava bem ao lado da verdadeira grande queda d'água, e sabia agora que esta passava pelo altar ao qual o sacerdote a havia amarrado.

Por algum tempo Grande-Medrosa ficou parada, o coração pulsando e cantando em crescente alegria que ia além do seu entendimento. Uma paz de indescritível doçura parecia envolvê-la toda. Ela estava inteiramente só. Nenhum sinal havia de suas companheiras Tristeza e Sofrimento, nem do sacerdote, nem do altar. As únicas coisas vivas a se moverem, além dela, eram as chilreantes avezinhas, os insetos e borboletas multicoloridos pousando de flor em flor. Lá em cima, no alto, um céu limpo, sem nuvens, contra o qual os picos dos Lugares Altos brilhavam em toda a sua brancura de forma deslumbrante.

Depois de examinar os arredores, a primeira coisa que fez foi caminhar até à beira do rio. Este a atraía de maneira irresistível. Ela curvou-se à margem e tocou com os dedos a água de cristal, gelada, a qual a envolveu num doce enlevo. Sem mais demora ela tirou a roupa de linho bronco que usava e entrou numa das poças entre as rochas. Nunca experimentara nada tão delicioso e estimulante. Era como se ela toda imergisse numa corrente de vida borbulhante. Quando, finalmente, saiu da água, sentiu-se imediatamente enxuta, revigorada da cabeça aos pés com uma sensação de perfeito bem-estar.

Enquanto se apoiava no barranco de musgo ao lado da água, olhou para baixo e, surpresa, notou que seus pés, antes tão horríveis, não eram mais aleijados, mas "direitos", perfeitamente bem formados, alvos e brilhantes contra a macia e verde relva.

Ao lembrar-se, naquele momento, das fontes de água restauradoras mencionadas pelo Pastor, que brotavam do chão dos Lugares Altos, voltou à corrente e, com a sensação do mais doce prazer, imergiu a cabeça na água clara e espalhou-a pelo rosto. Depois parou diante de uma poça onde a água era como espelho; ali ela se ajoelhou, olhou para a superfície, e viu refletido o seu rosto claro, muito claro. Oh, que surpresa! Era bem verdade. A boca feia e torta havia desaparecido, e em seu lugar surgia um rosto suave, perfeito como o rosto de uma criança.

Depois ela começou a vagar pela depressão e notou as moitas de amoras silvestres e de outros pequeninos frutos crescendo nos barrancos. Ela colheu uma mão cheia dessas refrescantes e nutritivas frutinhas, e se alimentou prazerosamente.

Assim, vagando, Grande-Medrosa chegou à beira do penhasco por sobre o qual o rio se atirava, e ficou longo tempo observando a água a saltar sobre a borda ao som de sua tumultuosa alegria que abafava todos os demais sons. Notou como o sol embelezava as águas de cristal quando saltavam em curvas e corriam rumo às regiões verdejantes, para onde o Pastor as havia guiado um dia e onde, à beira dessa mesma cascata, haviam descansado. Além de se sentir plenamente envolvida pela paz, profunda quietude e grande contentamento interior apagaram todo o sentimento de curiosidade, solidão e antecipação.

Ela não pensava no futuro em si. Era bastante estar ali, naquela silenciosa depressão natural, oculta nas montanhas, tendo o rio da vida a fluir ao lado dela, e descansar e se recobrar daquela longa jornada. Mais tarde ela deitou-se na relva e adormeceu. Ao acordar, banhou-se no rio. Assim, o longo e tranquilo dia passou como doce sonho, enquanto ela descansava, banhava-se e se refrescava de quando em quando com as amoras, e dormia de novo.

Quando afinal as sombras começaram a cair e os picos nevados brilharam gloriosos aos últimos raios do sol, ela retornou à gruta, deitou-se entre as cobertas perfumadas e dormiu de modo tão profundo como na primeira noite em que o sacerdote a colocou ali para descansar.

Capítulo 18
PÉS DE CORÇA

Na madrugada do terceiro dia, ainda escuro, Grande-Medrosa acordou de repente e pôs-se em pé com um frêmito de alegria percorrendo todo o seu ser. Ela não tinha ouvido chamar o seu nome, e não tinha nem mesmo a consciência de ter escutado uma voz; entretanto, sabia que havia sido chamada. Algum misterioso e doce apelo havia chegado a ela, apelo que de algum modo, instintivamente, ela esperava desde que acordara pela primeira vez naquela gruta. Ela deixou a gruta, saindo para a fragrante noite de verão. A estrela da manhã ia baixo no céu, e no leste apareciam os primeiras albores da manhã. De algum lugar próximo, um solitário pássaro entoava doce e suave melodia; uma brisa farfalhante passava pela relva. Entretanto, não se ouvia nenhum outro som, a não ser o da grande cascata.

Nesse instante ela foi tomada de novo pela sensação de um chamado, desta vez vindo de algum lugar acima. Em pé, à pálida luz do alvorecer, ela olhou ansiosa em derredor. Cada nervo de seu corpo fremia com o desejo de responder ao apelo. Ela sentiu os pés e pernas clamando com quase irresistível ímpeto para subir às montanhas; mas onde achar saída daquela enorme depressão? As paredes pareciam subir lisas e quase perpendiculares em todos os lados, exceto no que estava bloqueado pela grande queda de água.

Enquanto com todas as forças buscava uma possível saída, lá em cima, no barranco forrado de musgo, surgiu um cervo acompanhado de uma corça, justamente como ela já havia visto ao pé do grande Desfiladeiro Injúria. Enquanto ela observava, o cervo saltou sobre o altar de rocha, e dali, com outro grande salto, alcançou o outro lado da depressão. Então, sempre seguido pela corça, ele começou a escalar a grande montanha.

Grande-Medrosa não hesitou. Num momento ela estava sobre a rocha do altar, e no seguinte, com um salto alado, ela também alcançou o outro lado. Usando os pontos de apoio do cervo e da corça, saltando e subindo em perfeito êxtase de júbilo, ela os seguiu pelo penhasco acima, os cascos do cervo e da corça soando nas rochas adiante como pequenos chocalhos de prata.

Num momento, os três viram-se no topo da depressão. Ela subia a encosta da montanha aos saltos em direção ao pico acima, de onde viera o chamado. A luz rósea do leste brilhava, a neve nos picos das montanhas captava e refletia os raios de fogo, enquanto Grande-Medrosa saltava de rocha em rocha, encantada, e os primeiros albores se espalhavam pelo topo da montanha. Afinal ela chegou ao fim. E ele estava lá — em pé no pico — justo como imaginara que ele estaria, forte, grande e glorioso na beleza do sol nascente, ambas as mãos estendidas num doce apelo e com enorme sorriso: "Você — com os pés de corça — salte aqui."

Ela deu um último salto alado, tomou-lhe as mãos e postou-se ao seu lado no topo da montanha. Ao redor deles, em todas as direções, viam-se outras grandes cadeias de montanhas com os picos erguidos para o céu, mais altos do que sua vista podia alcançar. Ele trazia a coroa e as vestes reais, como ela o havia visto uma vez quando ele a transportara aos Lugares Altos e a tocara com a brasa viva do dourado altar do Amor. Naquela ocasião o seu aspecto havia sido grave em toda a sua majestade; mas agora resplandecia de alegria e glória, com um fulgor que ia além da imaginação.

— Finalmente — disse ele enquanto ela, sem conseguir falar, se ajoelhava — finalmente você está aqui. "A noite é passada e a alegria vem pela manhã". É chegada a hora de você receber o cumprimento das promessas — continuou ele, erguendo-a.
— Nunca mais a chamarei de Grande-Medrosa. — E entre risos, disse: — Eu escreverei sobre ela um nome novo, o nome de seu Deus. "Pois o Senhor Deus é sol e escudo; o Senhor dá graça e glória; não nega bem algum aos que andam na retidão" (Salmos 84.11).

— Este é o seu novo nome — declarou ele. — Daqui para a frente você será Graça e Glória.

Ela, não conseguindo ainda falar, permaneceu em silêncio, maravilhada e reverente, cheia de alegria e gratidão. E ele continuou:

— Agora falemos da flor do Amor e da promessa de que, quando ela florescesse, você seria correspondida. Graça e Glória falou pela primeira vez: — Meu Senhor e Rei, não há nenhuma flor de Amor para florescer no meu coração. Ela foi arrancada, queimada e transformada em cinzas no altar, por tua ordem.

— Nenhuma flor de Amor? — repeliu ele sorrindo de novo com tanta ternura que ela quase não podia crer. — Isso é estranho, Graça e Glória. Como é então que você chegou até aqui? Você está nos Lugares Altos, no próprio Reino do Amor. Abra o coração e vejamos o que está dentro dele.

Diante dessa palavra ela expôs o coração e dele partiu o mais doce perfume já sentido por ela, perfume que encheu o ar ao redor deles. Lá no seu coração estava uma planta cuja forma não podia ser vista, pois sua florescência cobria tudo de flores alvas quase transparentes, por onde exalava a doce fragrância.

Graça e Glória soltou pequeno grito de encanto e gratidão:
— Como é que essa planta está aí, meu Senhor e Rei?

— Como? eu a plantei lá, eu mesmo — foi sua risonha resposta. — É claro que você se lembra, no lago das ovelhas no Vale da Humilhação, no dia que prometeu acompanhar-me aos Lugares Altos. É a flor cuja semente tinha o formato de um espinho, lembra-se?

— Então, meu Senhor, que planta foi aquela que o sacerdote arrancou do meu coração enquanto eu estava amarrada ao altar?

— Você se lembra, Graça e Glória, de quando olhou para o seu coração ao lado do lago e achou que ali só crescia a planta do Desejo-de-ser-amada?

Ela assentiu maravilhada.

— Foi essa que arranquei do seu coração, a planta do amor humano natural. Ela estava pronta para ser arrancada a fim de que a do Amor real pudesse crescer sozinha e encher o seu coração por inteiro.

— Tu a arrancaste? — repetiu devagar e maravilhada. — Oh, meu Senhor e Rei, eras tu o sacerdote? Estiveste lá todo o tempo enquanto eu pensava que me havias abandonado?

Ele curvou a cabeça e ela tomou-lhe as mãos, mãos marcadas, que haviam plantado a semente pontiaguda em seu coração, mãos que haviam arrancado aquele outro amor que fora a causa de toda a dor, e beijou-as enquanto as banhava com lágrimas de júbilo.

— E agora vejamos a promessa de que quando o Amor florescesse em seu coração você seria correspondida —

Tomando as mãos dela nas suas, disse: — Veja, eu tenho depositado o meu amor em você... "Com amor eterno te amei, com benignidade te atraí" (Jeremias 31.3). Dê-me a mochila de pedras memoriais que juntou durante a jornada, Graça e Glória.

Ela tomou a mochila e passou-a a ele, que a abriu e esvaziou-a nas mãos dela. Oh, maravilha! Com um grito de admiração e deleite ela viu em suas mãos um punhado de pedras preciosas, joias magníficas no lugar das pedras comuns e feias que havia apanhado no caminho. Enquanto ali, pasmada diante da glória das faiscantes gemas, ela viu nas mãos do Pastor, estendidas para ela, um aro de puro ouro.

— A você, que estava aflita, acossada pelas tempestades e sem conforto, veja, eu lhe entrego estas pedras de belas cores.

E ele apanhou da mão dela uma das maiores e mais belas pedras, uma safira brilhante como o azul do firmamento, e colocou-a bem no centro do aro. Então tomou um encarnado rubi e pôs ao lado da safira; no outro lado colocou uma esmeralda. Depois foi pegando uma a uma, doze ao todo, arrumou-as no aro e o pôs na cabeça de Graça e Glória.

Naquele momento ela se lembrou da gruta onde se abrigam das enchentes e de como quase havia sucumbido à tentação de descartar-se daquelas pedras como coisas imprestáveis, e que agora brilhavam com glória e esplendor na coroa sobre sua cabeça. Lembrou-se também das palavras que haviam soado aos seus ouvidos e que a tinham confortado: "Conserva o que tens, para que ninguém tome a tua coroa." Se tivesse jogado fora as pedras, se tivesse descartado sua confiança nas promessas dele e falhado em sua rendição à vontade dele? Não haveria então as joias do seu louvor e glória, nem tampouco a coroa.

Graça e Glória maravilhou-se ante a graça, o amor, a ternura e a paciência que haviam guiado, treinado, guardado e conservado a pobre e fraquinha Grande-Medrosa, evitando que voltasse atrás e transformando agora todos os seus problemas em glória. Então ela o ouviu falar de novo, desta vez com um sorriso ainda mais alegre que antes.

— Ouve, filha; vê, dá atenção; esquece o teu povo e a casa de teu pai. Então o Rei cobiçará a tua formosura; pois ele é o teu Senhor, inclina-te perante ele... Toda formosura está a filha do Rei no interior do palácio; a sua vestidura é recamada de ouro. Em roupagens bordadas conduzem-na perante o Rei; as virgens, suas companheiras que a seguem, serão trazidas à tua presença. Serão dirigidas com alegria e regozijo; entrarão no palácio do Rei (Salmos 45.10-15).

Então ele acrescentou: — Agora que você vai viver comigo aqui nos Lugares Altos, para ir aonde eu for e trabalhar comigo no vale abaixo, é necessário que você, Graça e Glória, tenha servas a seu serviço; eu as trarei agora a você.

Com isso Graça e Glória olhou para ele com lágrimas nos olhos, pois se lembrou de Sofrimento e Tristeza, fiéis companheiras escolhidas por ele. Foi com o auxílio e dedicação delas que ela se sentiu capacitada a subir aos Lugares Altos. Todo o tempo que ela havia estado com seu Senhor e Rei, ao receber seu novo nome, e ser coroada com alegria e glória, ela vinha pensando nas suas companheiras, desejando realmente que estivessem ali também. Por que haveria ela de receber sozinha todas as glórias? Sofrimento e Tristeza haviam suportado a mesma jornada, haviam-na ajudado, haviam tido os mesmos problemas e sofrido os mesmos ataques do inimigo!

Agora ela estava aqui, e elas, não. Ela ia abrir a boca e fazer seu primeiro pedido ao seu Senhor: deixá-la conservar suas companheiras que ele mesmo havia escolhido no começo e que a haviam trazido à glória dos Lugares Altos. Antes, porém, de ela falar, ele disse com o mesmo sorriso especial: — Aqui estão suas servas, escolhidas por mim. Elas a servirão daqui em diante, para sempre.

Duas radiantes e brilhantes figuras surgiram à sua frente. O brilho da manhã cintilava em suas alvas vestes, de uma brancura que chegava a turvar a vista. Eram mais altas e mais fortes do que ela, mas a beleza dos seus rostos e o amor que brilhava em seus olhos tocaram o coração de Graça e Glória, fazendo-a tremer com alegria e admiração. Elas se aproximaram, as faces radiantes de felicidade, porém sem dizer uma só palavra.

— Quem são vocês? Podem dizer-me os nomes? Em vez de responder, elas se entreolharam e sorriram. Depois estenderam as mãos para ela num gesto tão familiar que Graça e Glória soltou um grito de alegria ao reconhecê-las. Isso era mais do que ela podia acreditar. — Quê?! Vocês são Sofrimento e Tristeza. Oh! bem-vindas! bem-vindas! Como eu ansiava reencontrá-las! Elas lhe disseram rindo: — Não somos mais Sofrimento e Tristeza assim como você não é mais Grande-Medrosa. Você não sabe que tudo o que chega aos Lugares Altos é transformado? Desde que você nos trouxe até aqui, fomos transformadas em Alegria e Paz.

— Eu as trouxe aqui! — exclamou. — Que maneira estranha de explicar isso! Imagine! Do princípio ao fim vocês me arrastaram até aqui.

De novo elas sacudiram a cabeça e sorriram, ao responder: — Não, nunca poderíamos ter chegado aqui sozinhas, Graça e Glória. Sofrimento e Tristeza não podem entrar no Reino do Amor. Porém você nos aceitou, e sempre que colocava a sua mão nas nossas, íamos nos transformando. Tivesse você voltado atrás ou nos tivesse rejeitado, nunca estaríamos aqui.

Entreolhando-se de novo, elas riram suavemente e disseram: — Quando nos encontramos pela primeira vez ao pé das montanhas, sentimo-nos um pouco deprimidas e desanimadas. Você parecia tão temerosa e tão assustada diante de nós, sem querer aceitar nosso auxílio, que nos parecia quase impossível chegarmos aos Lugares Altos. Nós falamos entre nós que teríamos de permanecer Tristeza e Sofrimento sempre; mas você vê como graciosamente nosso Senhor e Rei nos preparou e você nos trouxe aqui. Agora seremos suas servas e amigas para sempre.

Com isso as três se abraçaram e se beijaram com amor, gratidão e alegria. Então com novo nome, unidas ao Rei e coroadas de glória, Graça e Gloria, seguida de suas companheiras e amigas, chegou aos Lugares Altos e foi guiada ao Reino do Amor.

Capítulo 19

OS LUGARES ALTOS

Graça e Glória com suas servas Alegria e Paz permaneceram nos Lugares Altos por algumas semanas explorando as alturas e aprendendo as muitas lições ministradas pelo Rei. Ele mesmo as guiava a muitos lugares e explicava tudo o que lhes era possível entender. Também as encorajava a explorar por elas mesmas, pois há sempre a possibilidade de se fazer novas e belas descobertas nos Lugares Altos.

O pico onde elas estavam não era o mais elevado dos Lugares Altos. Outros picos se erguiam em direção ao céu, os quais o olho mortal não podia alcançar; lá, somente poderiam chegar os que terminassem sua peregrinação aqui na terra. Graça e Glória e suas amigas estavam no plano inferior dos Lugares Altos, no começo das encostas do Reino do Amor, onde elas deviam explorar agora. Destas encostas, também, elas podiam ver os vales lá embaixo, e desse novo ponto de vista compreender muitas coisas que antes lhes tinham parecido confusas e misteriosas. De lá de baixo elas não tinham tido visão clara daqueles lugares dos quais só pequena parte era visível.

A primeira coisa, entretanto, que elas descobriram nas encostas do Reino do Amor foi o quanto ainda teriam para ver, aprender e entender quando o Rei as levasse aos lugares mais altos em ocasiões futuras. A gloriosa vista que agora gozavam era mínima comparada a tudo o que estava além, visível somente de lugares ainda mais altos.

Era agora perfeitamente evidente que existiam cadeias e cadeias de montanhas acerca das quais elas nunca haviam sonhado enquanto viviam nos vales estreitos lá embaixo, com suas visões limitadas. Às vezes, enquanto contemplavam o glorioso panorama visível dos planos baixos do reino do Amor, envergonhavam-se das deduções que elas e outros faziam nas profundezas do vale a respeito dos Lugares Altos e das cordilheiras da Verdade. Elas tinham capacidade de ver tão pouco e não tinham consciência do quanto havia além, acima delas. Se isso acontecia enquanto estavam no vale, quanto mais claro agora lhes parecia o fato de que mesmo nesse maravilhoso plano onde estavam, só viam pequenina parte do todo.

Da nova perspectiva das primeiras encostas do Reino do Amor, Grande-Medrosa não se cansava de observar agora todo o panorama. O que ela podia ver e sentir quase a embriagava de alegria e gratidão, e muitas vezes mesmo de inexplicável alívio. Coisas que, vistas do vale, pareciam escuras e terríveis, e estranhas ao ponto de fazê-la tremer, contempladas do Reino do Amor eram como partes de um todo grande e maravilhoso. Tão diferentes essas coisas tinham parecido lá do vale que ela descobriu quão cega e ignorante havia sido ao alimentar essas falsas ideias.

De acordo com o que ela começou a entender claramente, a verdade não pode ser compreendida apenas através da leitura, mas também por meio do crescimento pessoal e do desenvolvimento da compreensão; e as coisas escritas, mesmo no Livro dos livros, podem ser incrivelmente confusas quando a pessoa vive em níveis inferiores da experiência espiritual e no lado errado da sepultura nas montanhas.

Ela percebeu que ninguém, nas encostas do Reino do Amor, pode dogmatizar a respeito do que é visto lá, pois somente então é que se compreende como é pequena a parte do glorioso todo que se vê. Tudo o que se pode fazer é exclamar de admiração, de respeito e de gratidão, e desejar de coração subir ainda mais alto para ver e entender mais.

Mesmo parecendo paradoxal, ao ver panoramas tão deslumbrantes, gloriosos e magníficos que quase fugiam à sua capacidade de contemplá-los, ela percebeu que a oração do cego era a que melhor expressaria os desejos de seu coração: "Senhor, que eu receba a vista. Ajuda-me a abrir-me para a luz. Ajuda-me a obter pleno entendimento." Outra coisa que lhe dava alegria continua era a sua inseparável comunhão com o Rei. Aonde quer que este fosse, as três iam também, caminhando com deleite às vezes quase hilariante, pois ele as ia ensinando e treinando a usar os pés de corça. Graça e Glória logo percebeu que ele escolhia sempre com cuidado a maneira de ensinar, e reprimia seu próprio entusiasmo, sua força e seu poder, para que tais lições alcançassem o limitado entendimento delas.

Bondosamente ele se adaptou à nova capacidade delas, pois se elas, no entusiasmo de saltar e pular como as corças nas montanhas, imaginassem que ele houvesse realmente usado todos os seus poderes, elas teriam ficado para trás completamente.

Para Graça e Glória — que havia sido aleijada durante toda a sua vida — o êxtase de saltar de rocha em rocha nos Lugares Altos, com a facilidade dos cervos nas montanhas, era tão arrebatador que ela dificilmente conseguia controlar-se nas horas de descanso. O Rei parecia encontrar grande deleite em encorajá-la, pois a guiava em longas e longas caminhadas até deixá-la quase arquejante no final. Então, enquanto se assentavam lado a lado em um novo penhasco a fim de descansar, ele apontava alguns dos panoramas que ela podia observar agora da nova perspectiva.

Numa dessas ocasiões, depois de haverem estado nos Lugares Altos durante alguns dias, ele a orientou a saltar para um penhasco menos alto, forrado de musgo. Ela o fez e, rindo e ofegante, disse: "Até os pés de corça necessitam de descanso, de vez em quando!"

— Graça e Glória — disse ele — você entende agora como eu fui capaz de dar-lhe os pés de corça e trazê-la a estes Lugares Altos?

Ela se aproximou, olhou compenetrada para a face dele, e perguntou:

— Como pudeste fazer isso, meu Senhor e Rei?

— Pense na jornada que acaba de fazer e diga-me que lições aprendeu — pediu o Pastor.

Graça e Glória quedou-se silenciosa alguns minutos, rememorando a jornada toda, que lhe havia parecido terrivelmente longa e em alguns lugares muitíssimo difícil e até mesmo impossível. Lembrou-se dos altares construídos ao longo da viagem e do dia em que estivera com ele no Vale, no lugar do encontro, quando ele a chamou para segui-lo às alturas. Lembrou-se da caminhada ao pé das montanhas; do primeiro encontro com Sofrimento e Tristeza e do esforço para aceitar seu auxílio; ela se lembrou do choque e de seu coração partido quando da descida pelo deserto e de tudo o que lá tinha visto.

Depois, a jornada ao longo das praias da Solidão; a agonia do desapontamento e da frustração experimentada no deserto, quando o caminho tomou rumo oposto aos Lugares Altos. Ela se viu atravessando a grande muralha do mar, andando pelas florestas e vales até ao arrebatador momento em que o caminho tomou de novo a direção das montanhas. Seus pensamentos percorreram o Desfiladeiro da Injúria, as Florestas do Perigo e Tribulação e a grande tempestade durante a qual elas se abrigaram na caverna. E então o nevoeiro — o infindável nevoeiro — e o terrível momento em que o caminho de repente desceu rumo ao Vale da Privação; e o pesadelo do abismo de horror que a fez até pensarem voltar atrás.

Ela se lembrou da caminhada pelo Vale da Privação e da paz que aí encontrou antes de subir aos Lugares Altos nas cadeiras aéreas, bem como dos dias passados naquele lugar onde foi preparada para o sepultamento. Então, afinal, a última e agonizante subida, e a gruta onde se abrigaram das enchentes e onde foi tentada a abandonar suas pedras memoriais. Depois a corrente de água chamada Mara, e finalmente a velada sepultura entre os picos, onde foi amarrada ao altar. Ao iniciar essa estranha jornada, quão pouco ela tinha imaginado do que haveria pela frente e das coisas pelas quais seria induzida a passar. Assim, depois de trazer tudo isso à lembrança, maravilhada e agradecida ela se assentou em silêncio, colocou as mãos nas dele e disse suavemente:

— Meu Senhor, eu te contarei o que aprendi. — Conte, então — insistiu com ternura.

— Primeiro, aprendi que devo aceitar com alegria tudo o que acontecer no meu caminho. Que eu não devo nunca tentar fugir do caminho, mas aceitá-lo, colocar minha vontade sobre o altar e dizer: "Eis-me aqui, sou tua pequenina serva Aceitação-com-Alegria".

Ele assentiu sem uma palavra, e ela continuou:

— Aprendi que devo suportar tudo o que for permitido a outros fazerem contra mim, e perdoar sem reter sequer um traço de amargura; e então dizer-te: "Eis-me aqui; sou tua pequena serva Suportando-com-Amor"; que eu possa receber poder para vencer o mal com o bem.

De novo ele assentiu, e ela sorriu ainda mais doce e alegre.

— A terceira coisa que aprendi foi que tu, meu Senhor, me aceitaste como eu realmente era, aleijada, fraca e covarde. Tu me viste como eu seria quando me transformasses naquilo que havias prometido, e quando me trouxesses para os Lugares Altos onde diriam a meu respeito: "Não há ninguém que ande com tanta realeza nem com tanta graça quanto ela". Tu sempre me trataste com o mesmo amor como se eu fosse uma rainha, e não a pequena aleijada Grande-Medrosa.

Naquele momento ela olhou para o rosto dele e por instantes nada mais pôde dizer. Afinal acrescentou:

— Meu Senhor, nem posso dizer-te o quanto eu quero ver outros transformados também.

Um grande e amável sorriso brotou no rosto dele, mas ele continuou em silêncio; somente assentiu pela terceira vez e esperou que ela continuasse.

— A quarta lição — disse ela com a face radiante — foi realmente a primeira que eu aprendi aqui. Todas as circunstâncias da vida, não importa quão torpes, feias e distorcidas aparentem ser, se forem ligadas ao amor, ao perdão e à obediência à tua vontade, podem ser transformadas.

— Entretanto eu comecei a pensar, meu Senhor, que tu propositadamente permites que entremos em contato com o mal e com as coisas que queres sejam transformadas. Talvez seja essa a verdadeira razão de estarmos aqui neste mundo em que o pecado, a tristeza, o sofrimento e o mal afluem, a fim de permitirmos que tu nos ensines a reagir com o propósito de podermos criar amáveis qualidades de vida para sempre. Esse é o único e real meio satisfatório de tratar com o mal, não simplesmente amarrando-o de modo que ele não nos possa prejudicar, mas sempre que possível superando-o com o bem.

Afinal ele falou: — Você tem aprendido muito, Graça e Glória. Agora vou acrescentar uma coisa mais. Essas lições me permitiram transformar a aleijada Grande-Medrosa em Graça e Glória com pés de corça. Agora você já está apta a seguir-me aonde eu for, sem que nos separemos jamais.

— Assim, lembre-se: enquanto desejar ser Aceitação--com-Alegria e Suportando-com-Amor, você não mais poderá tornar-se aleijada, mas estará apta a acompanhar-me a todo lugar aonde eu quiser levá-la. Você estará apta a descer ao vale do mundo e trabalhar comigo, pois é lá que estão o mal, a tristeza e tudo o que é feio, coisas que precisamos vencer.

— Aceite, suporte e obedeça à Lei de Amor, e nada a separará de mim nem a fará perder os pés de corça. Este é o segredo dos Lugares Altos, Graça e Glória, e esta é a amorável e perfeita lei de todo o Universo. É isso que dá alegria radiante aos Lugares Altos.

Então ele se levantou, puxou-a para o lado dele, e disse:

— Use agora os pés de corça de novo, pois vou guiá-la para outra parte da montanha.

Lá foi ele, "saltando e pulando pelas montanhas e montes", e Graça e Glória logo atrás, as belas figuras de Paz e Alegria ao lado dela. Enquanto andavam, cantavam um dos cânticos do velho livro de canções.

> Como selo põe-me no teu coração,
> Pois o amor é forte, bem mais do que a morte,
> Seu ardente sopro eu desejo sentir.

Sou a cera quente que a chama derrete,
Teu Nome grava em mim.

Como selo põe-me também no teu braço,
Ó amor que a fria tumba arrebenta,
Tuas brasas vivas em vez de ferir
Vão sempre salvar, e purificar também.
Ó amor zeloso, és também chama ardente
Que consome aquele que teu Nome nega.

Este amor nem águas apagar farão,
Nem seu desejo enfraquecer fará.
Nem chuvas fortes ou rios que descem
Apagar tal fogo poderão fazer.
Em tão forte chama amolece meu ser,
P'ra no coração o teu Nome gravar.

(Cantares 8.6,7)

Capítulo 20

DE VOLTA AO VALE

O vale, para onde o Rei do Amor as havia levado agora era o mais belo entre os picos dos Lugares Altos. Toda essa região consistia em tranquilos jardins, pomares e vinhas. Aí cresciam as flores das mais raras belezas e lírios de todas as espécies. Havia também árvores de especiarias e de muitas qualidades de frutas, castanhas, amêndoas, nozes e muitas outras variedades até então desconhecidas de Graça e Glória.

Os jardineiros do Rei, sempre ativos, podavam as árvores, cuidavam das plantas e das vinhas e preparavam os canteiros para as semeaduras.

Essas plantas o próprio Rei as transplantava dos vales, cujo solo não oferecia boas condições, para aquela região acima, onde elas podiam crescer e florescer a fim de embelezarem outras partes do Reino do Amor, pelas quais ele passava. Eles tiveram muitos dias agradáveis, vendo os jardineiros trabalhar sob a graciosa supervisão do próprio Rei, e acompanhando-o enquanto ele andava pelas vinhas, ensinando e aconselhando os vinhateiros.

Um dia, entretanto, Graça e Glória com suas duas servas, andando por ali, chegaram a um lugar de onde podiam ver direto as lugares baixos bem distantes. Enquanto observavam, avistaram grande vale verde entre duas cadeias de montanhas, por onde circulava um rio brilhante como um fio de luz. Aqui e ali, manchas marrons ou vermelhas pareciam indicar vilas ou aldeias, e habitações cercadas de árvores e jardins.

De repente Graça e Glória soltou pequeno grito, pois havia reconhecido o lugar. Ela contemplava o próprio Vale da Humilhação, o lugar em que havia morado em miséria por tanto tempo e onde recebera o chamado do Pastor para os Lugares Altos.

Sem dizer palavra ela se assentou na relva e, continuando a olhar, pensamentos mil povoavam-lhe a mente. La embaixo estava o pequenino chalé branco em que havia morado, os campos onde os pastores guardavam os rebanhos do Rei, e os apriscos. Havia o rio onde os rebanhos iam beber e onde ela havia encontrado o Pastor pela primeira vez. Naquele vale viviam todos os seus colegas de trabalho e os amigos no meio dos quais ela havia morado e desfrutado relativa camaradagem.

Outras pessoas que ela havia conhecido estavam lá também. Ao lado da vila estava o chalé de tia Sombria Agourenta, no qual Graça e Glória havia passado sua miserável infância com as primas Desânimo e Rancorosa e o primo Covardia. Ao pensar neles e na sua miserável existência, uma aguilhada de compaixão e pena atravessou-lhe o coração.

Pobre tia Sombria, tentando esconder o sofrimento que lhe causavam os casamentos desastrosos de suas duas filhas, e amargurada pelo vergonhoso comportamento do seu filho querido. Ela viu as residências de outros parentes seus; o solar do velho e decrépito Lorde Covarde, vivendo sempre torturado por frustrações e pela aproximação da morte. Lá estava a casa de Orgulho; as casas vizinhas eram de Amargura e de Ressentimento. Debaixo daquelas árvores escuras morava o miserável Autopiedade. Ela reconheceu as moradas daqueles que a haviam perseguido durante a jornada para os Lugares Altos. Ao redor havia ainda as casas de outros habitantes do Vale, pessoas que odiavam, desprezavam e rejeitavam o Pastor.

Enquanto Graça e Glória se assentava olhando para o vale, lágrimas lhe vieram aos olhos e seu coração pulsou de dor, aliás, duas sensações completamente esquecidas nos Lugares Altos.

De repente ela descobriu que seus sentimentos com respeito à sua família e aos que moravam no vale tinham sofrido completa transformação; ela os via agora por um novo prisma. Antes ela pensava neles como horríveis inimigos; agora ela os via como seres infelizes, como ela própria o fora. Eles eram atormentados por seus diferentes e insistentes pecados e naturezas más, como havia ela sido devido à sua natureza medrosa. Eles eram escravos de suas tendências, de onde lhes vinham os nomes. Quanto mais horríveis os defeitos que os caracterizavam, e quanto maior miséria suportavam — pensava ela — "tanto maior deveria ser a nossa compaixão".

Ela mal podia suportar a ideia de por tantos anos não apenas ter tido medo deles, mas também de os haver condenado, "desdenhando sua miséria", e dizendo a si mesma que a culpa de tudo era toda deles. Sim, ela, a detestada escrava do medo, a Grande-Medrosa, os havia na verdade desprezado pelas coisas que os deixavam tão infelizes e horríveis, quando ela mesma era igualmente infeliz e escrava. Em vez de revelar sentimento de companheirismo e compaixão, e desejo apaixonante de que fossem transformados das coisas que os tornavam tão detestáveis, como o orgulho, o ressentimento e a amargura, ela simplesmente os havia rejeitado e desprezado.

Ao pensar nisso, virou-se para Alegria e Paz, assentadas ao lado, e clamou desesperada:

— Nada podemos fazer por aqueles lá do vale? Deve minha tia Sombria ser deixada sem socorro e as pobres Rancorosa e Desânimo também? E que dizer dos primos que nos seguiram longe na direção aos Lugares Altos, tentando fazer-nos voltar atrás? Se o Pastor pôde libertar-me a mim, Graça e Glória, de todos os meus temores e pecados, não poderia ele libertá-los também dos males que os atormentam?

— Sim — disse Alegria (que antes havia sido Tristeza). — Se ele pôde transformar Tristeza em Alegria, Sofrimento em Paz, e Grande-Medrosa em Graça e Glória, como podemos duvidar de que ele possa transformar Orgulho, Amargura, Ressentimento e Autopiedade também, se eles o aceitarem e o seguirem? E sua tia Sombria poderia ser transformada em Louvor e Gratidão, bem assim como a pobre Desânimo e a infeliz Rancorosa. Nós não podemos duvidar de que eles possam ser completamente libertos de todos os males que os atormentam.

— Mas — exclamou Graça e Glória — como poderão ser persuadidos a seguir o Pastor? No momento eles o odeiam e não querem nem se aproximar dele.

Então Paz (que antes fora Sofrimento), disse tranquila:

— Eu soube que quando as pessoas são levadas à tristeza e ao sofrimento ou às privações e humilhações, nos momentos de grande necessidade, elas se preparam para conhecer o Pastor e buscar sua ajuda. Nós sabemos, por exemplo, que tia Sombria Agourenta é desesperadamente infeliz em virtude do comportamento do pobre Covardia, e isso pode prepará-la para receber o Pastor. Pobres Desânimo e Rancorosa! Tão infelizes! Ainda não têm sentido necessidade do Pastor, mas é possível que seja agora o tempo de tentarmos persuadi-las a buscar o auxílio dele.

— Sim! — exclamou Graça e Glória. — Tenho certeza de que você está com a razão. Oh, se ao menos pudéssemos ir até elas!

Se ao menos tivéssemos um meio de ajudá-las a encontrar o que encontramos!

Naquele momento, ali ao lado delas, soou a voz do Rei. Ele chegou, assentou-se e, olhando também para o vale lá embaixo, disse gentilmente a Graça e Glória: "Ó tu, que habitas nos jardins, meus companheiros te ouvem atentos; faze-me ouvir a tua voz!" (Cantares 8.13).

Graça e Glória virou-se para ele e colocou a mão no seu braço: — Meu Senhor — disse — estávamos falando sobre o povo que mora no Vale da Humilhação. Eles são meus parentes, sabes bem; todos eles. São grandemente desventurados e miseráveis. Que poderemos fazer por eles, meu Senhor? Eles nada conhecem sobre a alegria dos Lugares Altos e do Reino do Amor. Há a minha pobre tia Sombria Agourenta. Eu morei com ela durante longo tempo, e sei o quanto ela é infeliz.

— Eu a conheço — disse o Rei. — É uma mulher muitíssimo infeliz.

— E a sua filha Desânimo — continuou Graça e Glória, olhando para ele atentamente enquanto falava — ela se casou com Covarde, o filho de Lorde Covarde, muito rico, mas muito mais velho do que ela. Ele é uma criatura miseravelmente desgraçada e egoísta. Eu creio que Desânimo nunca teve um momento de paz desde que se casou. Comentava-se no vale, antes de eu sair de lá, que ele tencionava abandoná-la.

— E ele fez isso — respondeu o Rei. — Ela voltou para o chalé da mãe, completamente desiludida e com o coração partido.

— Ainda há sua irmã Rancorosa. Pobre, pobre alma; sua língua ferina fez muitos inimigos e a afastou dos amigos. Ela se casou com Timidez e são desesperadamente pobres; moram em um pequeno quarto alugado na casa de meu primo Amargura.

Não posso suportar o fato de viverem em tão tristes condições enquanto eu moro aqui no Reino do Amor.

— Eles são infelizes por certo — disse o Rei mais benigno e mais gentil que antes. — Acabam de perder a filhinha, a qual a pobre Rancorosa esperava que lhes fosse um conforto nas suas tristes circunstâncias.

— E então — continuou Graça e Glória, hesitante — há o seu irmão Covardia — ela baixou o olhar, fez uma pausa e então continuou rápido: — É o membro mais infeliz de toda a família. Ele tem partido o coração da mãe; nenhuma de suas irmãs conversa mais com ele, que vive vagando pelo vale, odiado por todos.

— Eu o conheço — replicou o Rei gravemente, mas com ar de riso. — Eu o conheço bem. Você não exagera quando fala sobre sua desventura. Muitas vezes tenho sido forçado a intervir e puni-lo, tentando corrigir suas manias de valentão. Mas "apesar de eu o haver castigado severamente, eu não o entreguei à morte".

— Não! Não! — gritou Graça e Glória, implorando. — Nunca faças isso, meu Senhor! Oh, eu te peço, descobre algum meio de salvá-lo e libertá-lo de si mesmo, como me libertaste a mim.

Ele não respondeu de imediato, mas olhou para ela com temam, com o semblante feliz. Depois disse:

— Eu estou mais do que ansioso por fazer o que você me sugere; mas, Graça e Glória, essas almas infelizes sobre as quais acabamos de falar, não me permitem entrar em suas casas, e nem mesmo consentem que eu lhes fale. Eu preciso de uma voz que fale por mim, persuadindo-os a permitir que eu os ajude.

— Sei o que queres dizer. Nós iremos lá embaixo contigo, falaremos com eles e mostraremos o que tens feito por nós e o que queres e podes fazer por eles.

vida que haviam recebido. Ela mesma não passava de uma gota no meio daquela alegre e exultante multidão de abnegados, os seguidores do Rei do amor, unidos a ele e uns aos outros, cada qual igualmente abençoado e amado como ela própria se sentia. "Porque ele ama a cada um de nós", ela disse a si mesma, "como se houvesse somente um para amar."

O pensamento de se aliar à grande cascata de muitas águas encheu seu coração de êxtase e de arrebatadora alegria, além do poder de expressão. Ela também, afinal, iria com eles, em completo abandono de si mesma, pronta a se dar. "Ele me trouxe às alturas justamente para isso", cochichou consigo mesma, e então olhou para ele e assentiu.

Ele começou a saltar de rocha em rocha, descendo a montanha na frente delas. Escolhia sempre os lugares pelos quais elas poderiam segui-lo com segurança, pois os pés delas ainda eram inexperientes. Atrás dele iam Graça e Glória, tendo Alegria e Paz ao lado e saltando como as águas, cantando, saltavam ao lado delas. Elas misturaram suas vozes com a alegre música das muitas águas, entoando seu próprio cântico individual.

> Apressa-te, amado, sê como o cervo
> Nas montanhas docemente perfumadas;
> E eu a ti nos Lugares Altos onde estás
> Com pés de corça seguirei;
> Tão próximo como após o cervo vai a corça,
> Assim aonde fores certamente irei.

Esse fora talvez o último verso do Cântico dos Cânticos, escrito por Salomão. Mas para Graça e Glória era o começo de uma nova e completa canção.

— Você acha que eles a ouvirão? — perguntou, sorrindo e muito gentil.

— Não, não acho que será fácil, pelo menos no começo. Eu não teria forças para fazer que me ouçam, pois nunca me comportei de modo gentil com eles. Mas tu me ensinarás o que devo dizer. Tu me ensinarás e eu falarei por ti.

— Oh, meu Senhor, apressemo-nos e desçamos.

Quando eles virem o que fizeste por mim, quando virem Paz e Alegria, eu penso que no final vão desejar tua ajuda também. Em virtude de se terem enganado a teu respeito e de se terem convencido de que tu não lhes podes fazer bem algum, eles te resistem e rejeitam a tua ajuda; mas nós trabalharemos com eles. Especialmente agora, meu Senhor, quando eles estão tão infelizes e tão desprezados pelos demais. Sua grande miséria, solidão e tristeza tornam-nos desejosos de ouvir as novas da tua graça e do teu desejo de salvá-los.

— É verdade — concordou. — É assim mesmo que eu penso. Esta é por certo a ocasião mais propícia para descermos lá e tentarmos ajudá-los.

Ele se pés em pé enquanto falava. Ela também se levantou, e os quatro permaneceram alegres e radiantes à beira dos Lugares Altos, prontos para descer ao vale de novo. Então Graça e Glória viu que a grande queda d'água quase junto deles desfia para o vale também, com o alegre e tumultuoso som das muitas águas, cantando enquanto saltavam sobre as rochas.

De repente ela entendeu. Ela estava contemplando uma gloriosa e maravilhosa verdade: "Uma grande multidão que nenhum homem podia contar", como ela própria trazida pelo Rei ao Reino do Amor e aos Lugares Altos, e que, dispondo de suas vidas em alegre abandono, desfiam com ele para os tristes e desolados lugares lá embaixo, a fim de repartir com os outros a